錢穆作品精華

中國歷代政治得失

錢穆

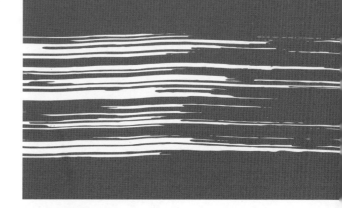

三民書局

錢穆作品精萃序

錢穆先生身處中國近代的動盪時局，於西風東漸之際，毅然承擔起宣揚中華文化的重任，冀望喚醒民族之靈魂。他以史為軸，廣涉群經子學，開闢以史入經的嶄新思路，其學術成就直接反映了中國近代學術史之變遷，展現出中華傳統文化的輝煌與不朽，並撐起了中華學術與思想文化的一方天地，成就斐然。

三民書局與先生以書結緣，不遺餘力地保存先生珍貴的學術思想，希冀能為傳揚先生著作，以及承續傳統文化略盡綿薄。

自一九六九年十一月迄於一九九一年十二月，二十多年間，三民書局總共出版了錢穆先生長達六十餘年（一九二三～一九八九）之經典著作——三十九種四十冊。茲序列書目及本局初版日期如下：

中國文化叢談……（一九六九年十一月）
中國史學名著……（一九七三年二月）

中國歷史研究法……（一九八八年一月）
論語新解……（一九八八年四月）
中國史學發微……（一九八九年三月）
新亞遺鐸……（一九八九年九月）
民族與文化……（一九八九年十二月）
中國思想通俗講話……（一九九〇年一月）
莊老通辨……（一九九一年十二月）

二〇二二年，三民書局以全新設計，將先生作品以高品質裝幀，隆重推出珍藏精裝版，沉穩厚實的木質色調書封，搭配燙金書名，彰顯國學大家的學術風範，並附贈精美藏書票，期能帶領讀者重回復古藏書年代，品味大師思想精髓。

謹以此篇略記出版錢穆先生作品緣由與梗概，是為序。

三民書局
東大圖書　謹識

序

我很早以前，就想寫一部中國政治制度史。一則我認為政治乃文化體系中一要目。尤其如中國，其文化精神偏重在人文界。更其是儒家的抱負，一向著重修齊治平。要研究中國傳統文化，絕不該忽略中國傳統政治。辛亥前後，由於革命宣傳，把秦以後政治傳統，用專制黑暗四字一筆抹殺。因於對傳統政治之忽視，而加深了對傳統文化之誤解。我們若要平心客觀地來檢討中國文化，自該檢討傳統政治，這是我想寫中國政治制度史之第一因。

再則我認為政治制度，必然得自根自生。縱使有些可以從國外移來，也必然先與其本國傳統，有一番融和媾通，纔能真實發生相當的作用。否則無生命的政治，無配合的制度，決然無法長成。換言之，制度必須與人事相配合。辛亥前後，人人言變法，人人言革命，太重視了制度，好像祇要建立制度，一切人事自會隨制度而轉變。因此祇想把外國現成制度，模倣抄襲。甚至不惜摧殘人事來遷就制度。在新文化運動時期，一面高唱民主，一面痛斥舊傳統，舊文化。我們試問是否民主政治可以全不與此一民族之文化傳統有關聯，而祇經幾個人的提倡，便可安裝得上呢？而且制度是死的，人事是活的，死的制度絕不能完全配合上活的人事。就歷史經驗論，任何一制度，絕不能有利而無弊。任何一制度，亦絕不能歷久而不變。歷史上一切已往制度俱如是，當前的現實制度，也何嘗不如是。我們若不著重本身人事，專求模倣別人制度，結果別人制度，勢必追隨他們的人事而變，我們也還得追隨而變，那是何等的愚蠢。其實中國歷史上已往一切制度傳統，祇要已經沿襲到一百兩百年的，也何嘗不與當時人事相配合。又何嘗是專出於一二人之私心，全可用專制黑暗四字來抹殺？這是我想寫一部中國政治制度史之第二因。

但由於國家大局之動盪，私人生活之不安定，而自己想寫的，感到比這一部書更重要的也還有，因此此書終於沒有寫。

民國四十一年三四月間，承何敬之先生要我在戰略顧問委員會講演中國歷代政治得失，但講期祇有五次，每次祇限兩小時，又為旅途匆促，以及其他條件，並不能對歷史上傳統制度詳細陳述，精密發揮，祇擇漢、唐、宋、明、清五代略舉大綱。本來想再就講演紀錄把在講演時未及提到的，略事增補。不幸講演完成，我即負傷養病，在此期間，沒有精力對此講稿，再事改進。祇得就原紀錄稿有與原講義旨走失處稍稍校正，而其他不再潤飾了。將來若償宿願，能寫出一部較詳備的中國政治制度史，則屬至幸，而此書得以搶先呈教於讀者之前，亦可稍自欣慰，並在此致謝何先生之美意。若無何先生這一番督命，連此小書，也不會有倉促完成之望的。

此稿初成，在民國四十一年八月我在臺中養病時。嗣後總政治部來函，請寫一本「研究中國歷代政治制度」的教材，截稿期限甚迫，乃就此稿稍加修改，如唐代的兩稅制，明代的賦稅制度等，均有若干新資料補入，較原稿稍微充實，然恐尚多疏漏謬誤，切盼讀者之指正。

中華民國四十四年八月錢穆於香港

前言

此次承貴會邀約講演，講題大體規定是講中國歷代的政治得失。但中國傳統政治，歷代間，也極多變遷，若籠統講，恐不著邊際。若歷代分別講，又為時間所限。茲僅舉要分為五次：一講漢代，二講唐代，以後繼續講宋、明、清。一次講一個朝代，這是中國歷史上最重要的五個朝代。祇講此五個朝代，大體上便可代表中國歷史之全進程。

本來政治應該分為兩方面來講：一是講人事，一是講制度。人事比較變動，制度由人創立亦由人改訂，亦屬人事而比較穩定，也可以規定人事，限制人事。這一番講演，則祇想多講制度，少講人事。但要講制度甚不易。在史學裏，制度本屬一項專門學問。首先，要講一代的制度，必先精熟一代的人事。若離開人事單來看制度，則制度祇是一條條的條文，似乎乾燥乏味，無可講。而且已是明日黃花，也不必講。

第二、任何一項制度，決不是孤立存在的。各項制度間，必然是互相配合，形成一整套。否則那些制度各各分裂，決不會存在，也不能推行。

第三、制度雖像勒定為成文，其實還是跟著人事隨時有變動。某一制度之創立，決不是憑空忽然地創立，它必有淵源，早在此項制度創立之先，已有此項制度之前身，漸漸地在創立。某一制度之消失，也決不是無端忽然地消失了，它必有流變，早在此項制度消失之前，已有此項制度之後影，漸漸地在變質。如此講制度，纔能把握得各項制度之真相，否則仍祇是一條條的具文，決不是能在歷史上有真實影響的制度。

第四、某一項制度之逐漸創始而臻於成熟，在當時必有種種人事需要，逐漸在醞釀，又必有種種用意，來創設此制度。這些，在當時也未必盡為人所知，一到後世，則更少人知道。但任何一制度之創立，必然有其外在的需要，必然有其內在的用意，則是斷無可疑的。縱然事過境遷，後代人都不瞭解了，即其在當時，也不能盡人瞭解得，但到底這不是一祕密。在當時，乃至在不遠的後代，仍然有人知道得該項制度之外在需要與內在用意，有記載在歷史上，這是我們討論該項制度所必須注意的材料。否則時代已變，制度已不存在，單憑異代人主觀的意見和懸空的推論，決不能恰切符合該項制度在當時實際的需要和真確的用意。

第五、任何一制度，決不會絕對有利而無弊，也不會絕對有弊而無利。所謂得失，即根據其實際利弊而判定。而所謂利弊，則指其在當時所發生的實際影響而覺出。因此要講某一代的制度得失，必需知道在此制度實施時期之有關各方意見之反映。這些意見，纔是評判該項制度之利弊得失的真憑據與真意見。此種意見，我將稱之曰歷史意見。歷史意見，指的是在那制度實施時代的人們所切身感受而發出的意見。這些意見，比較真實而客觀。待時代隔得久了，該項制度早已消失不存在，而後代人單憑後代人自己所處的環境和需要來批評歷史上已往的各項制度，那祇能說是一種時代意見。時代意見並非是全不合真理，但我們不該單憑時代意見來抹殺已往的歷史意見。即如我們此刻所處的時代，已是需要民主政治的時代了，我們不能再要有一個皇帝，這是不必再說的。但我們也不該單憑我們當前的時代意見來一筆抹殺歷史，認為從有歷史以來，便不該有一個皇帝，皇帝總是要不得，一切歷史上的政治制度，祇要有了一個皇帝，便是壞政治。這正如一個壯年人，不要睡搖籃，便認為睡搖籃是要不得的事。但在嬰孩期，讓他睡搖籃，未必要不得。我上述的歷史意見，單就中國歷史論，如今所傳歷代名臣奏議之類，便是一項極該重視的材料。那些人，在歷史上，在他當時，所以得稱為名臣，而他們那些奏議，所以得流傳下，仍為此後較長時期所保留，所誦覽，正因為他們的話，在當時，便認為是可以代表他們當時的時代意見的。祇有在當時成為時代意見的，所以到後來，纔能成為歷史意見。我們此刻重視這些歷史意見，其意正如我們之重視我們自己的時代意見般。這兩者間，該有精義相通，並不即是一種矛盾與衝突。

第六、我們討論一項制度，固然應該重視其時代性，同時又該重視其地域性。推擴而言，我們該重視其國別性。在這一國家，這一地區，該項制度獲得成立而推行有利，但在另一國家與另一地區，則未必盡然。正因制度是一種隨時地而適應的，不能推之四海而皆準，正如其不能行之百世而無弊。我們講論中國歷史上的歷代制度，正該重視中國歷史之特殊性。若我們忽視了這一點，像我們當前學術界風尚，認為外國的一切都是好，中國的一切都要不得，那祇是意氣，還說不上意見，又那能真切認識到自己已往歷代制度之真實意義與真實效用呢？

第七、說到歷史的特殊性，則必牽連深入到全部文化史。政治祇是全部文化中一項目，我們若不深切認識到某一國家某一民族全部歷史之文化意義，我們很難孤立抽出其政治一項目來討論其意義與效用。

我們單就上舉七端，便見要講歷史上的政治制度，其事甚不易。我們再退一步，單就制度言，也該先定一範圍。我此刻首先想講政府的組織，換句話說：是講政府職權的分配。即就漢、唐、宋、明、清五個朝代來看中國歷史上政府職權分配之演變，我們便可藉此認識中國傳統政治之大趨勢，及其內在之根本意嚮。

第二範圍想講考試和選舉。照理應該先講此一項，讓我們先知道中國歷來政治上規定著那種人纔可參加政府，由是再講這個政府之怎樣組織？及其職權之怎樣分配？就更容易明瞭其內在之意義。因為一國的政權，究竟該交付與那些人，這是第一義。至於政府內部各項職權之究應如何分配，這已屬第二義。中國歷史上考試與選舉兩項制度，其用意是在政府和社會間打通一條路，好讓社會在某種條件某種方式下來掌握政治，預聞政治，和運用政治，這才是中國政治制度最根本問題之所在。至於政府內部職權之怎樣分配，這是政府的組織法，卻並非產生政府的根本大法。因此照理言，第二範圍更重於第一範圍。但我下面所講，因求簡捷易明，故而將此兩個項目之先後倒轉了。

第三個範圍則講政府的賦稅制度，這是政府關於財政經濟如何處理的制度。這一範圍也可看得它很重要。中國以前專講制度沿革的第一部書，唐代杜佑的《通典》，最先一門是食貨，即是上述的第三範圍。次講選舉，即上述第二範圍。再講職官，便是上述第一範圍。現在為方便講述起見，先職官，次考試，再次食貨。而第三範圍又祇講關於田賦的一項。

第四範圍我想講國防與兵役制度。養育此政府的是經濟，保衛此政府的是武力。這一範圍也極重要。

其他如學校制度、教育制度等，本也很重要，但我想單從此四個範圍，來指陳歷代政治制度的沿革，純從歷史事實上來比較它的好壞，根據當時人的意見來說明它的得失。在此四範圍以外的，則暫不涉及了。

中國歷代政治得失

目次

第二講 唐代

第一講

漢代

一、漢代政府組織

甲、皇室與政府

嚴格說來，要到秦漢纔是中國歷史上正式有統一政府。秦以前的中國，祇可說是一種封建的統一。直要到秦漢，中央方面纔有一個更像樣的統一政府，而其所轄的各地方，也已經不是封建性的諸侯列國並存，而是緊密隸屬於中央的郡縣制度的行政區分了。因此講中國傳統政治，可以徑從秦漢講起，以前暫略不論。秦代祇是漢代之開始，漢代大體是秦代之延續。所以秦代暫亦不講，而祇講漢代。現在專說漢代政府究是怎樣組織的？我們要看政府的組織，最重要的是看政府的職權分配。在此方面，我亦祇想提出兩點來加以申說。第一是皇室與政府之職權劃分，第二是中央與地方的職權劃分。我們知道：秦以後，中國就開始有一個統一政府，在一個統一政府裏，便不能沒有一個領袖。中國歷史上這一個政治領袖，就是皇帝。這皇帝又是怎樣產生的呢？在中國傳統政治裏，皇位是世襲的——父親傳給兒子。若用現代政治眼光來衡量，大家會懷疑，皇帝為什麼要世襲呢？但我們要知道，中國的立國體制和西方歷史上的希臘、羅馬不同。他們國土小，人口寡。如希臘，在一個小小半島上，已包有一百幾十個國。他們所謂的國，僅是一個城市。每一城市的人口，也不過幾萬。他們的領袖，自可由市民選舉。祇要城市居民集合到一曠場上，那裏便可表見所謂人民的公意。羅馬開始，也祇是一城市。後來向外征服，形成帝國。但其中央核心，還是希臘城邦型的。中國到秦、漢時代，國家疆土，早和現在差不多。戶口亦至少在幾千萬以上。而且中國的立國規模，並不是向外征服，而是向心凝結。漢代的國家體制，顯與羅馬帝國不同。何況中國又是一個農業國，幾千萬個農村，散布全國，我們要責望當時的中國人，早就來推行近代的所謂民選制度，這是不是可能呢？我們若非專憑自己時代判斷，來吞滅歷史判斷，我們應該承認皇位世襲，是中國已往政治條件上一種不得已或說是一種自然的辦法。況且世界各國，在歷史上有皇帝的，實在也不在少數。我們不能說，中國從前不用民主選舉制，而有一個世襲的皇帝，便夠證明中國傳統政治之黑暗與無理性。在封建時代，本來有很多家庭有他們世襲的特權，這些皆所謂貴族。但從秦漢以後，封建制度早已推翻。單祇皇室一家是世襲的，除卻皇帝可以把皇位傳給他兒子外，政府裏便沒有第二個職位，第二個家庭，可以照樣承襲。郡太守不能把郡太守的職位傳給他兒子，縣令不能把縣令的職位傳給他兒子。這已是政治制度上一項絕大的進步。

從前封建時代，政府和家庭，有分不開的關係，現在則不然了。組織政府的是一個一個人，不再是一個一個家。不過在那時，還留下一個很大的問題：便是皇室和政府的關係。皇室是不是即算政府？若把皇室和政府劃開，這兩邊的職權又怎樣分，這是秦漢時代首先遇到的一個大問題，也是此下中國政治史上一向要碰到的一個大問題。拿歷史大趨勢來看，可說中國人一向意見，皇室和政府是應該分開的，而且也確實在依照此原則而演進。皇帝是國家的惟一領袖，而實際政權則不在皇室而在政府。代表政府的是宰相。皇帝是國家的元首，象徵此國家之統一；宰相是政府的領袖，負政治上一切實際的責任。皇權和相權之劃分，這常是中國政治史上的大題目。我們這幾十年來，一般人認為中國從秦漢以來，都是封建政治，或說是皇帝專制，那是和歷史事實不相符合的。

要講漢代皇權和相權之劃分，讓我先舉一實例：當時皇帝宰相，各有一個「祕書處」，而兩邊的組織，大小不同。漢代皇帝有六尚，尚是掌管意。六尚是尚衣、尚食、尚冠、尚席、尚浴與尚書。五尚都祇管皇帝私人的衣服飲食起居。祇有尚書是管文書的，這真是皇宮裏的「祕書」了。漢代開始的尚書，其職權地位本不高，後來才愈弄愈大。最先尚書祇是六尚之一，這是皇帝的祕書處。若說到宰相的祕書處呢？共有十三個部門，即是當時所謂的十三曹，一個曹等於現在一個司。我們且列舉此十三曹的名稱，便可看出當時宰相祕書處組織之龐大，與其職權之廣泛。

一、西曹，主府史署用。

二、東曹，主二千石長吏遷除，並包軍吏在內。二千石是當時最大的官，以年俸有兩千石穀得名。可見朝廷一切官吏任免升降，都要經宰相的祕書處。

三、戶曹，主祭祀農桑。

四、奏曹，管理政府一切章奏，略如唐代的樞密院，明代的通政司。

五、詞曹，主詞訟，此屬法律民事部分。

六、法曹，掌郵驛科程，這像現在的交通部，科程是指一切交通方面之時限及量限等。

七、尉曹，主卒曹轉運，是管運輸的，略如清代之有漕運總督。

八、賊曹，管盜賊。

九、決曹，主罪法。此兩曹所管屬於法律之刑事方面。

十、兵曹，管兵役。

十一、金曹，管貨幣鹽鐵。

十二、倉曹，管倉穀。

十三、黃閣，主簿錄眾事，這是宰相府祕書處的總務主任。

這十三個機關，合成一個宰相直轄的辦公廳。我們祇根據這十三曹名稱，便可想見當時全國政務都要匯集到宰相，而並不歸屬於皇帝。因為皇帝祇有一個籠統的尚書處，祇有一個書房。最先的尚書也僅有四人，而宰相府下就有十三個機關。這相府十三曹，比諸皇室尚書的範圍大得多，而且此十三曹的權位也很重，也竟儼如後代之專部大臣。可見漢代一切實際事權，照法理，該在相府，不在皇室，宰相才是政府的真領袖。以上單據一例來講皇室和政府的區別。從中國傳統政治的大趨勢看，一般意見一向是看重這區別的。

乙、中央政府的組織

現在說到漢代中央政府的組織。當時有所謂三公、九卿，這是政府裏的最高官。丞相、太尉、御史大夫稱三公，丞相管行政，是文官首長；太尉管軍事，是武官首長；御史大夫掌監察，輔助丞相來監察一切政治設施，他是副丞相。依照漢代習慣，用現代語說，這裏有一種不成文法的規定，須做了御史大夫，纔得升任為丞相。太尉雖與丞相尊位相等，實際除卻軍事外，不預聞其他政事。因此當時最高行政長官實在是丞相。

依照文字學原義，丞是副貳之意。所謂相，也是副。就如現俗稱儐相，這是新郎新娘的副，新郎新娘不能做的事，由儐相代理來做。所以丞是副，相也是副，正名定義，丞相就是一個副官。是什麼人的副官呢？他該就是皇帝的副官。皇帝實際上不能管理一切事，所以由宰相來代表。事情管得好與壞，責任在宰相，皇帝可以不負責任。為什麼又叫宰相呢？在封建時代，貴族家庭最重要事在祭祀。祭祀時最重要事在宰殺牲牛。象徵這一意義，當時替天子諸侯乃及一切貴族公卿管家的都稱宰。到了秦、漢統一，由封建轉為郡縣，古人稱「化家為國」，一切貴族家庭都倒下了，祇有一個家卻變成了國家。於是他家裏的家宰，也就變成了國家的政治領袖。

本來封建時代，在內管家稱宰，出外作副官稱相，所以照歷史傳統講，宰相本來祇是封建時代貴族私官之遺蛻。但正因如此，所以秦漢時代的宰相，他不但要管國家政務，還要管及皇帝的家務。這在《周官》書裏的天官冢宰的職權，便是如此的。但現在的宰相，他既要掌管國家政府的一切事情，他再沒有工夫管皇帝的家事，於是在御史大夫，即副丞相之下，設有一個御史中丞，他便是御史大夫的副，這個人就駐在皇宮裏。那時凡具中字的官，都有指是駐在皇宮的。皇室的一切事，照例都歸御史中丞管。御史中丞隸屬於御史大夫，御史大夫隸屬於宰相，如是則皇室一切事仍得由宰相管。從另一方面講，宰相的來歷，本祇是皇帝的私臣，是皇帝的管家，自該管皇宮裏的事。那是封建舊制遺蛻未盡。但從另一方面看，祇好說，皇室也不過是政府下面的一部分。所以宮廷事，也歸宰相來統治。那時，皇帝有什麼事，交代御史中丞，御史中丞報告御史大夫，御史大夫再轉報宰相。宰相有什麼事，也照這個手續，由御史大夫轉中丞，再轉入內廷，這是當時皇室與政府關係之大概。

再說漢代的九卿，那是：太常、光祿勳、衛尉、太僕、廷尉、大鴻臚、宗正、大司農、少府。他們的官位都是二千石，又稱中二千石。因他們都是中央政府裏的二千石，以示別於郡太守地方行政首長之亦是二千石而名。若講到這些九卿職名的來歷，卻很有趣味：

太常在秦代叫奉常，這個常字，本當作嘗。他是管祭祀祖先鬼神的。依四時奉獻時物，讓祖先鬼神時時嘗新，故稱奉嘗。在古代，宗教意味猶在政治意味之上。古代的住宅，東偏是祠堂，即廟，西偏是家屋，即寢。生宅死宅，連在一起。後代民間此制雖廢，皇宮仍沿舊軌。直到清代，太廟不是緊貼在皇宮的東邊嗎？古代的家庭，最重要的，可說不是活人而是死人，祭祖自屬大事。宰就是掌管殺牛祭祖的。所以漢廷九卿的第一卿，也是管祭祀的。這個官，正名定義，該屬於皇家，管皇家的廟，管皇家祭祖的一個家務官。不好算是朝廷公職。

其次是光祿勳。這個官名，直到清代還有，但這三字的原義，卻早就忘失了。依文義講，勳該就是閽，古音相同，這是皇家的門房。光是大義，光祿該即是大麓，祿麓音同相借。為什麼門房稱大麓呢？此因古時代的皇帝，多半靠山住家，好像宋江在梁山泊，朱貴在山腳下開設酒店，好通報消息。所以皇帝居山，房門就設在山麓。《尚書》上說舜管堯的大麓，那便是舜做了堯的宰相。換言之，乃是當了堯的門房。因此光祿與勳是古今語，都指門房言。

衛尉是一個武職，掌門衛屯兵，這是皇宮的衛兵司令。當時凡屬軍事方面的官都稱尉。

太僕猶之是皇帝的車夫，《論語》：「子適衛，冉有僕。」僕是趕車的。皇帝出去，太僕就替他趕車。那是皇帝的汽車司機。

廷尉是掌法的，犯了皇帝的法，都歸他管。如此看來：太常管皇家太廟，光祿衛尉，一是門房頭兒，一是衛兵頭兒。這都是在裏面的。皇帝出門，隨帶的是太僕，在外面有人犯法，就是廷尉的事。

大鴻臚，一直相沿到清代，就等於外交部。也如現在之禮賓司，是管交際的。臚是傳呼義。古禮主賓交接，由主傳到主身邊的相，再由主身邊的相傳到賓邊的相，由是而再傳達到賓之自身。鴻即大義。大臚是傳達官。

宗正是管皇帝的家族，其同姓本家及異姓親戚的。

以上七個卿，照名義，都管的皇家私事，不是政府的公務。由這七卿，我們可以看出漢代政治，還有很多是古代封建制度下遺留的陳迹，然而那時已是化家為國了，原來管皇帝家務的，現在也管到國家大事了。譬如太常就兼管教育，因為古代學術都是在宗廟的。西方也一樣，直到現在，在他們，教育和宗教還是分不開。光祿勳原是皇帝的總門房，現在皇宮裏一切侍衛都要他管。那時皇宮裏的侍從，還不完全是太監，而且太監很少，大部分還是普通人。當時一般要跑入政府做官的人，第一步就得先進入皇宮裏，充侍衛，奉侍皇帝，讓皇帝認識，然後得機會再派出來當官。這些在皇宮裏服務的，多半是年輕人，當時稱作郎官，都歸光祿勳管。孔子十二世孫孔安國，也就做過郎官。太僕呢？因管車馬，所以國家一切武裝，好像「坦克車、飛機」之類，他也連帶管了。廷尉就變成司法，大鴻臚就變成外交。這是歷史演變。我們推尋出這一演變，卻並不是說漢代的中央政府還是一個封建政府，而當時的九卿還是皇帝之私臣。因此等卿都隸屬於宰相，而所管亦全是國家公事。

此外還有兩個卿，就是大司農和少府，都是管財政經濟的。大司農管的是政府經濟，少府管的是皇室經濟。大司農的收入支銷國家公費，少府收入充當皇室私用。皇室不能用大司農的錢。所以我們說當時皇室和政府在法理上是鮮明劃分的。當時全國田賦收入是大宗，由大司農管。工商業的稅收，譬如海邊的鹽，山裏的礦，原來收入很少，由少府管。這九卿，全都隸屬於宰相。

我們上面講九卿，照名義來歷，都是皇帝的家務官，是宮職，而系統屬於宰相，豈不是宰相本是皇帝的總管家嗎？但換句話說，便是當時政府的首長，宰相，可以管到皇宮裏的一切。舉例來說，少府掌管皇室經費，而少府屬於宰相，宰相可以支配少府，即是皇室經濟也由宰相支配。這樣一講：豈不是皇室反而在政府之下了嗎？本來封建時代的宰相，就是皇帝的管家，但到了郡縣時代，化家為國，宰相管的，已經是國家，不是私家了，所以他成了政府正式的首長。從前私家家庭中的各部門，也就變成公家政府的各部門。封建時代，以家為國，周天子是一個家，齊國是一個家，魯國又是一個家，這樣的貴族家庭很多，天下為此許多家庭所分割。那時在大體上說，則祇有家務，沒有政務。現在中國已經祇賸了一家，就是當時的皇室。這一家為天下共同所戴，於是家務轉變成政務了。這個大家庭也轉變成了政府。原先宰相是這個家庭的管家，現在則是這個政府的領袖。

以上對於漢代的三公、九卿，已經講了一個大概。這是當時中央政府的組織情形。

丙、漢代地方政府

漢代的地方政府，共分兩級：即郡與縣。

中國歷史上的地方政府以縣為單位，直到現在還沒有變。漢時縣的上面是郡，郡縣數當然也隨時有變動。大體說，漢代有一百多個郡，一個郡管轄十個到二十個縣。大概漢代縣數，總在一千一百到一千四百之間。中國歷史上講到地方行政，一向推崇漢朝，所謂兩漢吏治，永為後世稱美，這一點值得我們的注意。若以近代相比，今天的地方行政區域，最高為省。一省之大，等於一國，或者還大過一國。一省所轄縣，有六七十個以至一二百個，實在太多了。單就行政區域之劃分而論，漢制是值得稱道的。

漢代郡長官叫太守，地位和九卿平等，也是二千石。不過九卿稱為中二千石，郡太守是地方上的二千石。郡太守調到中央可以做九卿，再進一級就可當三公，九卿放出來也做郡太守。漢代官級分得少，升轉極靈活，這又是漢制和後來極大的不同。九卿放出來當太守，並不是降級。地方二千石來做中二千石，也不是升級，名義上還是差不多。當時全國一百多個郡，太守的名位，都和九卿差不遠，因此雖是中央政府大一統的局面，雖是地方行政區域劃分得比較小，卻不感覺得這個中央政府高高在上。

丁、中央與地方之關係

說到中央和地方的關係。每郡每年要向中央上計簿，計簿就是各項統計表冊，也就是地方的行政成績。一切財政、經濟、教育、刑事、民事、盜賊、災荒，每年有一個簿子，分項分類，在九、十月間呈報到中央，這叫做上計。中央特派專員到地方來調查的叫刺史。全國分為十三個調查區，每一區派一個刺史，平均每一刺史的調查區域，不會超過九個郡。他的調查項目也有限制，政府規定根據六條考察，六條以外，也就不多管。地方實際行政責任，是由太守負責的。政府派刺史來調查，不過當一個耳目。所以太守官俸二千石，而刺史原始衹是俸給六百石的小官。根據政府規定項目調查，縱是小官也能稱任。而且惟其官小，所以敢說敢講，無所避忌。

這些刺史，上屬於御史丞。皇宮裏還有十五個侍御史，專事劾奏中央乃及皇宮裏的一切事情的。部刺史和侍御史的意見，都報告到副宰相御史大夫，副宰相再報告宰相。副宰相所輔助宰相的，便是這一個監察的責任。

二、漢代選舉制度

上面講了漢代中央和地方的許多官，但這許多官從那裏來的呢？什麼人才可以做宰相、御史大夫乃至這各部門的長官呢？這是講中國政治制度上一個最主要的大題目。

在古代封建世襲，天子之子為天子，公之子為公，卿之子為卿，大夫之子為大夫，做官人有一定的血統，自然不會發生有此問題。但到秦漢時代便不同了。封建世襲制度已推翻，誰該從政，誰不該從政呢？除卻貴族世襲外，首先令人想到軍人政治，誰握有兵權，誰就掌握政權，支配仕途，但漢代又並不然。其次令人想到富人政治，誰有財富，誰便易於入仕，易於握權，但漢代也不然。我們講漢代關於此一方面的制度，要到漢武帝以後，才漸趨於定型。那時已有了太學，好如現在的國立大學。當時國立大學，祇有一個，這裏面的學生，考試畢業分兩等，當時稱科。甲科出身的為郎；乙科出身的為吏。郎官是屬於光祿勳下面的皇宮裏的侍衛，依舊例，凡做二千石官的，（漢朝這樣的官很多，中央雖祇有三公、九卿十多個，地方上的太守就有一百多個。）他們的子姪後輩，都得照例請求，送進皇宮當侍衛。待他在皇帝面前服務幾年，遇政府需要人，就在這裏面挑選分發。這一制度，雖非貴族世襲，但貴族集團，同時便是官僚集團，仕途仍為貴族團體所壟斷。這在西方，直到近代還見此制。中國則自漢武帝以後便變了。

當時定制，太學畢業考試甲等的就得為郎，如是則郎官裏面，便羼進了許多智識分子，智識分子卻不就是貴族子弟。至考乙等的，回到其本鄉地方政府充當吏職。吏是地方長官的掾屬。漢代官吏任用，有一限制，地方長官定要由中央派，太守如是，縣令也如是。但郡縣掾屬，必得本地人充當。譬如臺北市的人，不能當臺北市的市長；但臺北市政府從市長以下的一切官，在漢代稱為掾屬的，那就絕對要用臺北市的本地人。不過辟用掾屬的權，則在長官手裏，這叫做辟署。三公、九卿、郡太守、縣令，這些是由皇帝由中央政府任命的。宰相下面的十三曹，就由宰相自己辟用。此外各衙門首長以下，全是吏，全由各衙門首長自己任用。現在這個太學生考了乙等，譬如他是會稽郡人，他便回到會稽，指定由郡縣政府試用，這所謂補吏。補郎與補吏，是太學生畢業後應有的待遇。

再說到漢代的選舉制度，歷史上稱之謂鄉舉里選。當時各地方時時可以選舉人才到中央。他們的選舉，大體可分為兩種，也可說是三種：

一種是無定期的，譬如老皇帝死了，新皇帝即位，往往就下一道詔書，希望全國各地選舉人才到朝廷；或是碰著大荒年、大水災、或是大瘟疫，這表示政府行政失職，遭受天譴，也常下詔希望地方推舉賢人，來向政府說話，或替國家做事。這些選舉是無定期的。這樣選舉來的人，多半稱為賢良。賢良選到了政府以後，照例由政府提出幾個政治上重大的問題，向他們請教。這叫做策問。策即是一種竹片，問題寫在竹簡上，故稱策問。一道道的策問，請教賢良們大家發表意見，這叫對策。政府看了他們的意見，再分別挑選任用，這是一個方式。這一種選舉，既不定期，也無一定的選舉機關。地方民意也可舉，三公九卿，政府大僚，也可舉。所舉則稱為賢良，賢良是指有特出才能的人。

第二種是特殊的選舉，譬如政府今年要派人出使匈奴，出使西域，需要通外國語，能吃苦，能應變，所謂出使絕域的人，政府常常下詔徵求。祇要自問自己有此才幹，可以自己報選。又如軍隊裏要用軍事人才，或如黃河決口，需要曉習治水的人，大家知道有這種人才，大家可以舉，自己覺得有把握，自己也可直接來應選。這是一種特殊的選舉。

後來又有一種有定期的選舉，那就是選舉孝廉。漢代一向有詔令地方察舉孝子廉吏的。但地方政府有時並不注意這件事，應選人也不踴躍。漢武帝時，曾下了一次詔書，大意說：你們偌大一個郡，若說竟沒有一個孝子一個廉吏可以察舉到朝廷，那是太說不過去的事。而且地方長官的職責，不僅在管理行政，還該替國家物色人才；若一年之內，連一個孝子一個廉吏都選不出，可見是沒有盡到長官的責任。於是漢武帝就下令叫大家公議，不舉孝子、廉吏的地方長官應如何處罰。這一來，就無形中形成了一種有定期的選舉。無論如何，每郡每年都要舉出一個兩個孝子、廉吏來塞責。漢代一百多個郡，至少每年要有兩百多孝廉舉上朝廷。這些人到了朝廷，並不能像賢良般有較好較快的出身，他們大抵還是安插在皇宮裏做一個郎官。如是則一個太學生，當他分發到地方政府充當吏屬之後，他仍還有希望被察舉到皇宮裏做一個郎。待他在郎署服務幾年，再分發出去。

自從武帝以後，漢代逐漸形成了一種一年一舉的郡國孝廉，至少每年各郡要新進兩百多個孝廉入郎署，十幾年就要有兩千個。從前皇宮裏的郎官侍衛本也祇有二千左右。自此制度形成，二三十年後，皇宮裏的郎官，就全都變成郡國孝廉，而那些郡國孝廉，又多半是由太學畢業生補吏出身的。如是則皇帝的侍衛集團，無形中也變質了，全變成太學畢業的青年知識分子了。於是從武帝以後，漢代的做官人漸漸變成都是讀書出身了。後來郎署充斥，要待分發任用的人才儘多，於是就把無定期選舉，特殊選舉都無形擱下，仕途祇有孝廉察舉的一條路，這是到東漢時代的事了。這一制度，又由分區察舉，演進到按照戶口數比例分配，制為定額。那時是郡國滿二十萬戶的得察舉一孝廉，由是孝廉祇成為一個參政資格的名稱，把原來孝子廉吏的原義都失去了。最後又由郡國察舉之後，中央再加上一番考試。這一制度，於是會合有教育、行政實習、選舉與考試之四項手續而始達於完成。

我們從此看出：這一制度在當時政治上是非常重要的。一個青年跑進太學求學，畢業後，派到地方服務。待服務地方行政有了成績，再經長官察選到中央，又須經過中央一番規定的考試，然後纔始正式入仕。那是當時入仕從政的惟一正途。政府一切官吏，幾乎全由此項途徑出身。這樣的政府，我們再也不能叫它做貴族政府。郎官之中雖然也儘有貴族子弟，但究竟是少數。我們也不能稱之謂軍人政府，因郎官並不是由軍人出身的。我們也不能稱之為資本主義的政府，因這些郎官，都不是商人資本家的子弟。這樣的政府，我們衹能叫它做讀書人的政府，或稱士人政府。漢代從昭宣以下的歷任宰相，幾乎全是讀書人，他們的出身，也都是經由地方選舉而來。並不是由其血統上和皇帝以及前任大官有什麼關係，或者是大軍人大富人，纔爬上政治舞臺。完全是因其是一讀書知識分子而獲入仕途。這一情形，直從漢代起。我們可說中國歷史上此下的政府，既非貴族政府，也非軍人政府，又非商人政府，而是一個「崇尚文治的政府」，即士人政府。衹許這些人跑上政治舞臺，政府即由他們組織，一切政權也都分配在他們手裏。

三、漢代經濟制度

上面講的是政府之形成，及其職權分配之內容。下面要講到支持政府的主要經濟問題，即賦稅制度。

漢代對於輕徭薄賦這一理想算是做到了。戰國時孟子講過：「什一而稅，王者之政。」可見戰國稅額，是不止什一的，在孟子以為什一之稅已是很好了。可是漢代，稅額規定就祇有「十五稅一」。而且，實際上祇要納一半，三十稅一。一百石穀子，祇要納三石多一點的稅。甚至當時人還說有百一之稅的（見荀悅《前漢紀》）。並在文帝時，曾全部免收田租，前後歷十一年之久。這是中國歷史上僅有的一次。這因中國疆土廣，戶籍盛，賦稅儘輕，供養一個政府，還是用不完。

然而漢代稅制，有一個大毛病。當時對於土地政策，比較是採用自由主義的。封建時代的井田制早已廢棄，耕者有其田，土地的所有權屬於農民私用，他可自由使用，也可自由出賣。遇到經濟困乏，田地可以買賣，就形成了兼併。若我們進一步問，為什麼政府稅額輕了，農民還要賣去自己的田地呢？這當然還有其他原因。這須講到當時的人口稅、兵役稅，乃及社會經濟之全體貌。此刻無暇涉及。但耕戶賣去了他的土地所有權以後，他就變成一佃農，田主對佃農的租額是很高的。有的高到百分之五十（即十分之五）。結果政府的租稅愈輕，地主愈便宜，農民賣了地，要納十分之五的租給地主，地主向政府祇要納三十分之一的稅。政府減輕田租，祇便宜了地主，農民沒有受到分毫的好處。這是講的田租。

但這裏已牽涉到土地所有權問題。封建時代，四封之內，莫非王土，食土之毛，莫非王臣，土地為封建貴族所專有。耕田者依時還受，這是井田制度一項主要的條件。現在封建破壞，土地歸民間私有。既屬私有，自可自由買賣。政府祇管按田收稅，不管田地誰屬。賣田的和買田的，雙方共同成立一種契約。這純是民間經濟貿易關係。所以在自由買賣下的大地主，並不即是封建貴族。封建是政治性的，而此刻的地主，則由經濟條件而形成。他可以自由買進，也可以自由賣出。正因為土地私有，耕者有其田，纔有了自由買賣。纔開始有兼併。纔使貧者無立錐之地。以後中國歷史上的土地政策，一面常欣羨古代井田制度之土地平均佔有，但一面又主張耕者有其田，承認耕地應歸屬民間之私產。在這兩觀念之衝突下，終使土地租稅問題得不到一個妥適的解決。

再說全國土地，也並非全屬耕地。則試問非耕地的主權，又是誰的呢？一座山，一帶樹林，一個大的湖，在封建時代，自然是四封之內，莫非王土，耕地非耕地，同樣該屬於貴族。耕地開放了，散給農民，平均分配，成為井田，而非耕地則成為不公開的禁地。山林池澤，貴族另派管理員如虞人之類去看守。後來情勢變了，耕地所有權，逐漸轉移到農夫手裏，而非耕地的禁區呢？也漸漸被民間私下闖入，燒炭伐木，捕魚獵獸，這是一種違法的牟利。這一些時時闖入禁區的，在當時被目為盜賊，而他們這種耕地以外的生產，則稱之為奸利。政府設官防止，有權征討。待後防不勝防，討不勝討，索性把禁地即山林池澤也逐漸開放了。祇在出入關隘，設一征收員，遇在禁區捕魚伐木的，祇就其所獲，征收其所獲幾分之幾的實物，這就在田租之外，另成一種賦稅。這是關稅商稅之緣起。所以稱之曰征者，原先是征伐禁止的，後來祇以分享獲得為妥協條件，而仍以征字目之。這一種轉變，春秋末年，已在大大開始。土地狹或是人口密的國家，如鄭、如晉、如齊，都有此現象，都有此措施。然直到秦漢統一政府出現，關於土地所有權的觀念卻依然承襲舊貫。他們認耕地為農民私有，而非耕地，即封建時代相傳之禁地，則仍為公家所有。換言之，即成為王室所有。此因封建貴族都已消失，祇賸皇帝一家，承襲舊來的封建傳統，所以全國的山林池澤，照當時人觀念，便全歸皇室。再從這一所有權的觀念影響到賦稅制度，所以當時凡農田租入歸諸大司農，充當政府公費。而山海池澤之稅則屬少府，專供皇帝私用。這一分別，若非從封建時代之井田制度以及其他土地所有權之分別轉變說來，便不易明瞭。

現在再說，此一公私分稅的制度，在開始時也頗合理。因耕地多，田賦是大宗，而山林池澤的商稅祇佔少數。把大宗歸國家，小數撥歸皇室，這也並非皇帝私心自肥。但戰國以下，鹽鐵之利逐漸膨大起來，社會經濟情形變了，山海池澤之稅逐步超過了全國的田租。這一轉變，是開始定制時所不曾預料的。正如清代末年，並不知商埠對外通商關稅之逐年增添，卻把此事讓給外國人去管，後來遂喫了大虧。清代如此，漢代亦復如是。商稅漸漸的超過了田租，於是少府收入，反而勝過了大司農。漢武帝是一個雄才大略的皇帝，討匈奴，通西域，軍費浩繁，大司農的錢用完了，連他父親（景帝），祖父（文帝）幾輩子積蓄下來的財富都花光了。政府支出龐大，陷入窘地，這又怎樣辦呢？農民的田租，三十分之一的定額，制度定了，又不便輕易再變更，再增加。漢武帝就祇有自己慷慨，把少府的經濟拿出來，這等於是把皇室私款來捐獻給政府。所以武帝同時也命令地方上有錢的人，最主要的如鹽、鐵商人等，也能如他般大家自由樂捐。結果社會響應不佳，擁有大資產的，不理會政府之號召。漢武帝不禁要想：你們的錢究竟由那裏來的呢？豈不是都由我把山海池澤讓給你們經營，你們才能煮鹽冶鐵，發財賺錢。現在我把少府收入都捐獻給國家，而你們不響應，那麼我祇有把全國的山海池澤一切非耕地收還，由我讓給政府來經營吧！這便是漢武帝時代有名的所謂鹽鐵政策。

鹽、鐵商是當時最大最易發財的兩種商業。鹽沒有一人不吃的，鐵也沒有一家不用，而煮海成鹽，開山出鐵，這山與海的主權，卻在皇帝手裏。現在漢武帝再不讓商人們擅自經營了，把其所有權收回，讓政府派官吏去自己燒鹽，自己治鐵，其利息收入則全部歸給政府，於是鹽鐵就變成國營與官賣。這個制度，很像近代西方德國人所首先創始的所謂國家社會主義的政策。可是我們遠在漢代已經發明了這樣的制度，直到清代，小節上的變化雖然有，而大體上總還遵循這一政策，總還不離於近代之所謂國家社會主義的路線。這一制度，也不專限於鹽鐵兩項。又如酒，這是消耗著人生日用必需的米麥來做成的一種奢侈享樂品，因此也歸入官賣，不許民間自由釀造。

這些制度的後面，自然必有其理論的根據。我們要講中國的經濟思想史，必須注意到歷史上種種實際制度之措施。而講中國經濟制度，卻又該注意此項制度之所由演變完成的一種歷史真相。所以我講漢武帝時代的鹽鐵政策，卻遠遠從古代井田制度與山澤禁地之在法理上所有權之區分，直講到少府與大司農的稅收之分配於政府與皇室之由來，而由此再引申出鹽鐵官賣來。這並不專是一個思想與理論的問題，而實際上則有極佔重要的歷史傳統之現實情況來決定。為了這一問題，在當時也爭辯得很久，到漢昭帝時還有一番熱烈的討論，全國各地民眾代表和政府的財政主管大臣在特別召集的會議席上往返辯論，互相詰難。有當時一位民眾代表事後留下一份紀錄，就是有名的《鹽鐵論》。當然民間主張開放，政府主張國營。而當時實際上的利弊得失，則非熟究當時人的意見，是無法懸揣的。我們此刻要討論歷史制度，全該注意當時的歷史傳統與當時人的歷史意見，作為主要之參考。不該把我們的時代意見來抹殺當時的歷史意見，這纔是正辦呀！

我們概括上述漢代的經濟政策，對工商業是近於主張如近人所謂的節制資本的一面，而在對農民田租方面，則也已做到了輕徭薄賦，但並未能平均地權。在漢武帝時，董仲舒曾主張限田政策，縱不能將全國田畝平均分派，也須有一最高限度，使每一地主不能超過若干畝之限制，惜乎連這個政策也並未能推行。於是王莽起來，就激起了一項大改革，把一切田畝盡歸國有，稱為皇田，重行分配。當時的意想，實在要恢復封建時代之井田制，而結果則引生一次大變亂。王莽失敗了，從此中國歷史上的土地制度也不再有徹底的改革了。

四、漢代兵役制度

漢代兵制是全國皆兵的。在西方，直到近代普魯士王國在俾斯麥為相時歷經了不得已的壓迫纔發明這樣的制度的，而我們在漢代也就早已實行了。一個壯丁，到二十三歲才開始服兵役，這一規定也有其內在的意義。因為二十纔始成丁，照理可以獨立耕種。就農業經濟言，無法多產，祇有節用，所謂「三年耕，有一年之蓄」，照一般情形論，年年豐收，是絕對不會的。平均三年中總會有一個荒年。來一個荒年，儲蓄就完了。倘使三年不荒的話，六年就該有二年之蓄，九年就該有三年之蓄。而農業社會，也絕對不會連熟到九年以上，也不會連荒到三年以上。一個壯丁，二十受田，可以獨立謀生，但要他為國家服兵役，則應該顧及他的家庭負擔。所以當時規定，從二十三歲起，照理他可以有一年儲蓄來抽身為公家服役了。這一制度，不僅是一種經濟的考慮，實在是一種道德的決定。我們講歷史上一切制度，都該注意到每一制度之背後的當時人的觀念和理論。政治是文化中重要的一機構，決不會隨隨便便無端產生出某一制度的。在漢初，政府中人，本來大部由農村出身，他們知道民間疾苦，所以能訂出這一法規。近代的中國人，往往蔑視自己已往的政治傳統，又說中國沒有成套的政治理論，沒有大的政治思想家。當然在中國已往著作裏，很少有專講政治理論的書，也很少專以政治思想而成名的人物。這並不是中國人對政治無理論，無思想。祇因中國讀書人多半做了官，他們對政治上的理論和思想，早可在實際政治中表現了。用不著憑空著書，脫離現實，來完成他書本上的一套空理論。於是中國人的政治理論，早和現實政治融化合一了。否則為什麼皇帝和宰相定要分權呢？為什麼仕途必經察舉和考試呢？為什麼田租該力求減輕呢？為什麼商業資本要加節制呢？為什麼國民兵役要到二十三歲纔開始呢？所以我們要研究中國已往的政治思想，便該注意已往的政治制度。中國決不是一個無制度的國家，而每一制度之後面，也必有其所以然的理論和思想，那可輕輕用專制黑暗等字面把來一筆抹殺呢？

漢代的國民兵役，又分幾種。一種是到中央作「衛」兵，一種是到邊郡作「戍」卒。一種是在原地方服兵「役」。每一國民都該輪到這三種，祇有第三種，從二十歲便開始了。

漢代中央軍隊有兩支：一稱南軍，一稱北軍。南軍是皇宮的衛隊，北軍是首都的衛戍部隊。當時南北軍全部軍隊合共不到七萬人。各地方壯丁輪流到中央作衛兵一年，當衛兵是極優待的，來回旅費由中央供給，初到和期滿退役，皇帝備酒席款宴，平時穿的吃的，也不要衛兵們自己花錢。

當戍兵就不同了。一切費用，都要自己擔負。論到戍兵的期限，卻祇有三天。這又是沿襲封建時代的舊習慣。封建時代國家規模小，方百里便算大國了。如是則由中央到邊疆，最遠也不過五十里。要到邊疆戍守，祇要半天路程。若在邊三天，前後共不過五天就回來了。這在封建時代，戍邊不是件苦事，隨身帶著五天乾糧便夠。秦始皇帝統一天下以後，似乎沒注意到這問題，還叫老百姓戍邊三天。由會稽（江蘇），到漁陽（熱河），在政府說來，還祇要你服役三天，這是從來的舊傳統。可是路途往返，就得半年以上，衣裝糧草要自己帶，多麻煩呢？天下一統了，國家體制變了，而秦始皇帝的戍邊制度卻沒有改，或許政府事情忙，而且兵力混一了六國，得意忘形，沒有注意到這些小節上，然而因此就引起社會大騷動。陳勝、吳廣的革命，便由此而起。近代中國人都好說中國二千年政治沒有變，試問古今中外，那有如此理？亦那有如此事？就論戍邊制度，一到漢代就變了。漢代戍邊還祇是三天，可是你可以不去，祇要一天出一百個錢，三天三百錢，交給政府，便可免戍。有一百個人不去，應該是三百天的免戍費，由政府把來另僱一人肯去的，一去便要他服三百天的戍役。他也得了這一筆錢，不僅足夠在邊用度，並且還可留一點安家，這是一種變通辦法。照理論，則人人該戍邊三天，縱使宰相的兒子也不能免。漢代曾有一個宰相，真叫他兒子親到邊疆去，真當三天戍卒，這便成為歷史上的嘉話了。

漢郡長官有太守，有都尉，猶如中央有丞相又有太尉一般。太守是地方行政長官，都尉是地方軍事首領。地方部隊即由都尉管。凡屬壯丁，每年秋天都要集合操演一次，這是一個大檢閱，名為都試，為期一月。期滿回鄉。國家有事，臨時召集，這是一種國民兵。各地方並就地理形勢，分別訓練各兵種，如車騎（騎兵和車兵）、樓船（水師與海軍）、材官（步兵）之類。

中央有南北軍，邊疆有戍卒，地方上有國民兵，國家一旦有事，這三種軍隊都可以調用。國民除了服兵役之外，還要服力役，這是春秋戰國直至秦漢以下歷代一向有的一個大問題，現在我們則變成歷史事件來講述了。力役是每個壯丁替國家做義務的勞工。好像現在要修飛機場，造公路，就召集民工一般。祇古代是純義務的。全國壯丁按冊籍編定，每人每年一個月，替國家義務做工，這在漢代喚做更卒，更是更替輪番的意思。如是則一個農民，既要到中央當衛兵，又要到邊疆當戍卒，還要在地方上服國民兵役。都試譬如我們開一個秋季運動大會，這還比較輕鬆，而每年一月的更役，卻比較國民兵役喫力些。但若不去踐更（上番），按當時規定，出兩百個錢給政府，也可以代替。

除了上述三種兵役和一種力役外，每個國民還須納人口稅，連小孩子都有。說到這裏，卻有一嚴重的問題。當時政府並沒有為民眾安排一個生活的基礎，全國土地並不是平均分配的，也沒有設法使國民人人就業，而卻要國民人人向國家盡職責。遇有不克盡此政府所規定的職責的，那便就是犯法了。犯法就得抓去，有的便因此充當官奴，強迫在各政府衙門裏作苦工。於是有的人便寧願出賣自己，做私人家的奴隸。當時規定，奴隸也須繳人口稅，而且須加倍繳。但這是由養奴隸的主人家負擔的，不干奴隸自身事。因此漢代的奴隸特別多。要是在後代，無業謀生，還可以做乞丐、做流氓，政府不會來管。但在漢代是不許可的。你要當義務兵，你要去修飛機場、公路，你要納人口稅，你的名字住址，都在政府冊子上，不去就要出錢，出不起錢便是犯法。你做乞丐了，戶口冊上還是有你的名字，你還該向國家負責。於是衹有把自己出賣給人家做奴隸。當時做奴隸，並不是出賣自由，衹是出賣他對國家法規上一份應盡的職責。政府要禁止此風，便規定奴婢的人口稅加倍徵收。但有錢的養著大批奴隸，反可發大財。譬如入山燒炭、開礦之類，全需大批人工。出賣為奴，便如參加此發財集團。因此奴隸生活，反而勝過普通民戶。這在《史記・貨殖列傳》裏講得很詳細。這是漢代的奴隸制度。和西方羅馬帝國的農奴完全不同。羅馬的農奴多半是戰爭得來的俘虜，漢代的奴隸是農民自己游離耕土，來參加大規模的工商新生產集合。如何可相提並論呢？

漢代除卻規定的義務兵役外，民間還有義勇隊，志願從軍的。國家有事，可以自由報名。這叫做良家子從軍。那些都是比較富有的家庭，尤其是居家近邊境的，平常在家練習騎馬射箭，盼望國家有事，報名從軍，打仗立功，可以做官封侯，這風氣在邊郡特別盛。像隴西李廣一家便是一著例。

五、漢制得失檢討

讓我們簡要指出一些漢代制度之缺點。

首先在經濟方面，土地問題沒有解決，形成兼併，富者田連阡陌，貧者無立錐之地，使政府的減輕租稅政策，全失功效。至王莽把土地收歸國有，此事又激起社會多數人的反對，結果失敗了。但王莽的廢止奴隸政策，卻繼續為東漢政府所承襲。東漢時代也屢有廢奴的詔令，但祇要社會經濟情形不變，此項詔令是不會有實效的。

其次說到軍隊制度，中國地大人眾，雖說分區訓練各別的兵種，但每年一個月的操練是不夠的。中央南北衛，像是常備軍，實際上，時期也祇一年，數額也僅有七八萬人。結果全國皆兵，並不夠用。遇到打仗，各地調遣，如會稽吳楚，遠赴漁陽上谷，也不方便。所以全國皆兵制，在中國論，一則軍隊數量太多，二則訓練太簡略，調動不方便，結果全國皆兵，弄得有名無實，一旦起了問題，還是解決不了。

再次講到政府組織，上面說過：皇權相權是分開的，皇室和政府也是分開的，這話固不錯。但中國一向似乎看重的不成文法，往往遇到最大關節，反而沒有嚴格明白的規定。這也可以說是長處，因為可以隨宜應變，有伸縮餘地。但也有壞處，碰著一個能幹有雄心的皇帝，矜才使氣，好大喜功，常常要侵奪宰相的職權。並不像現代的西方國家，皇帝私人，無論怎樣好，憲法上規定他不能過問首相的事。漢武帝雄才大略，宰相便退處無權。外朝九卿，直接向內廷聽受指令。這樣一來，皇帝的私人祕書尚書的權就大了。漢武帝臨死時，他的太子已先死，他要把帝位傳給小兒子昭帝，他卻先把昭帝的母親處死。他知道小皇帝年幼，母后在內管事不好，但皇室總還需要人管理。以前皇室也得由宰相管，但漢武帝連宰相的事都由他管了，宰相那裏能預聞到宮內事。於是武帝臨死，派一個霍光做大司馬大將軍輔政。這是皇宮裏的代表人，霍光是皇家親戚，有資格來代表皇家。但照理，宰相早就是皇宮裏的代表人，他該就是副皇帝，現在皇帝不把宰相做皇室代表人，而在皇宮裏另設一個大司馬大將軍來專幫皇帝的忙，如是就變成外面有宰相，內面有大司馬大將軍，皇宮和朝廷就易發生衝突。當時一稱外廷，一稱內朝。大司馬大將軍霍光輔政，他是內朝領袖，外廷則仍由宰相統治。後來昭帝死了，立昌邑王做皇帝，沒有幾天，又把他廢了，另立漢宣帝。當廢立時，霍光代表皇室，召集九卿開會。有人說：該請宰相參加。霍光說：這是皇帝家事，用不著丞相政府領袖參加，我們祇議定請示皇太后就完了。霍光的一番話，初看好像也有他的理由。他把皇位繼承當作皇室私事，皇室事不必要政府領袖來預聞。他不知道皇室之存在，由於有皇帝，而皇帝之存在，由於有政府。所以皇位繼承是政府事，並非皇室事。這並不是我們用現代觀念來強說歷史，在當時歷史情實早本如是。所以在高后四年，曾有一詔書，說皇帝疾久不已，不可屬天下，命群臣公議替代的新皇帝。呂后儘專權橫肆，但並沒有說立皇帝不要問朝廷。霍光以後，元平元年，昭帝崩，也詔群臣議所立。可見皇帝世襲，是政府法理規定。若遇皇帝無嗣，及其他變化，仍該依照政府意見公議決定。但這也是一種不成文法，所以霍光得以上下其手。而且霍光縱說政府領袖不必預聞皇室事，而他仍要召集其他政府大僚來公議所立，可見霍光也是情有所怯，並不敢全違背當時習慣。再就另一點說，原先尚書祇是皇帝的內廷祕書，而內廷諸職，又隸屬於御史中丞，現在皇室又另有一個代表人，霍光以大司馬大將軍輔政名義來掌領皇帝的祕書處，他不讓外面宰相知道皇室事，他卻代表皇室來過問政府事，如是則皇室超越在政府之上，那豈不是要出大毛病？所以後來漢宣帝想把霍氏權柄削減，便恢復舊制，仍由御史中丞來管領尚書，如是便由御史中丞透過御史大夫，而達到宰相，內廷與外朝聲氣又通，大司馬大將軍便沒有權重了。霍家也就垮臺了。

就此一節，可見漢代制度，在皇帝與宰相，皇室與政府之間，確是有一番斟酌的。雖沒有硬性規定皇帝絕對不許預聞政治的一句話，這也並不是大失錯。而且若要皇帝絕不預聞政府事，那宰相的任命便成問題。就當時歷史情實，既不能有民選皇帝，也便一時不能有代表民意的國會來監督政府。這是歷史條件所限，並非一兩個皇帝私意要如此的。於是皇室與政府，皇帝與宰相之間，遂不免發生許多的微妙關係。漢武帝自己是雄才大略，他自己攬權，尚不甚要緊，他死了，他須替他後代小皇帝著想，於是來一位大司馬大將軍輔政，便出了問題了。漢宣帝以下，霍氏雖敗，結果還是大司馬大將軍外戚輔政，還是內廷權重，外朝權輕，於是有王莽代漢而興。王莽便是由大司馬大將軍而掌握大權的。

到東漢光武帝，懲於前失，因怕大權旁落，自親庶務，於是尚書地位日漸加重。而外朝的宰相，卻分成三個部門。本來三公是宰相、太尉、御史大夫，而實際宰相是全國之首領。後來因有大司馬大將軍橫插進來，所以又把此三公變成大司徒、大司馬、大司空三職分別，一個公管領三個卿。在西漢時，本想把此改革來調和大司馬與宰相之衝突的，然而這樣一來，大司空完全變成外朝官，大司馬卻依然代表皇室。從前御史大夫管得到宮廷，現在大司空管不到宮廷。不僅丞相改大司徒是失職，御史大夫改大司空也是失職，權重依然在大司馬手裏。這還是皇家和政府權限劃分不清之故。中國此下政府裏的所謂御史臺，便是循此趨勢，由皇宮漸漸退回政府的。東漢初年，光武帝的私意，則索性把政權全操在自己手裏，三公祇是名位崇高而已，實權則在尚書。換言之，則是由皇帝來總其成。所以後代中國人批評漢光武有事無政，這是已往的歷史意見。漢光武自身是一好皇帝，明帝，章帝都好，然而祇是人事好，沒有立下好制度。因此皇帝好，事情也做得好。皇帝壞了，而政治上並不曾有管束皇帝的制度，這是東漢政治制度上的一個大問題。也是將來中國政治制度史上一個大問題。

選舉在漢代，也發生了問題。照漢代原來的制度，在漢武帝時，祇叫地方長官每年要選舉些孝子廉吏，這已經講過了。但後來孝廉充斥仕途，別的進仕之路都為阻塞了，於是大家都爭要當孝廉。本來所謂孝廉，一種是孝子，另一種是廉吏，後來規定每郡滿二十萬戶口的祇能舉一個，如是則孝廉不分，僅成一個參政入仕的資格而已。後來又因請託舞弊，逼得朝廷於察舉孝廉後再加上一番考試，如是則全失卻原來察舉孝廉之用意。但中國政權，卻因此開放給全國各地了。從此以後，無論選舉或考試，都是分區定額的。經濟文化落後的地區和經濟文化進步的地區，都一樣照人口比例來考選。因此中央政府裏，永遠有全國各地域人民之參加，不致偏榮偏枯。因此中國政府，始終是代表著全國性的，全國人民都有跑進政府的希望。而且實際上，也是全國各地永遠都有人跑進中央政府的。又漢制郡縣長官，例須避用本郡本縣人，如是則中央政府既是絕對的代表全國性的，而地方政府卻又竭力避免其陷於地方性。這樣纔可使大一統的局面，永遠維持。而全國各地方聲教相通，風氣相移，卻可使各地文化經濟水準，永遠走向融和，走向平均，不致隔絕，不致分離。這一制度，自漢代起直至清代始終沿用。這是中國傳統政治制度裏一最應著眼之點。

惟今所欲討論者，則為漢代之選舉制，是否合於近代所謂之民權思想。第一，漢代察舉，其權在地方長官，不在地方民眾。長官賢良的固須採訪民間輿情，選拔真才。但長官營私舞弊的，卻可不顧地方民意，推選私人。二則選舉了送到中央，如何分發，則悉聽中央命令。後來並於選來的人，又加以一番考試。這樣則豈不是漢代的選舉權實際便完全操之在上不在下嗎？而且漢代選舉，就大體言，最先必進學校讀書，纔獲補吏。補吏以後，纔獲察舉。這由教育而行政實習，由行政實習而選舉，再由選舉而考試，由考試而任用之幾個階段，驟看極合情理，切實施行，像不會出大毛病。然而依然有毛病存在。因古代社會，讀書機會就不易得。第一是書本不易得，古代書籍都用竹帛書寫，很少紙張，更無印刷。印刷術對人類文化傳播與演進之大貢獻，應該遠勝於近代新發明之原子彈。這是世界人類一最偉大的發明，這項發明雖始於中國，但也要到唐宋才開始有印刷。古代書本必得傳抄，一片竹簡衹能寫二十來字。抄一本書，費就大了。帛是絲織品，其貴更可知。而且要抄一本書，必得不遠千里尋師訪求。因此讀書求學，便有著絕大限制。但若你生來便在一個讀書家庭中，那一切困難，便都易解決了。因此當時雖非封建社會，爵位不世襲，而書本卻可世襲。雖不是世代簪纓，卻是世代經學。世代經學，便可世代跑進政治圈子，便無異一封建傳襲的貴族了。那時的政治制度，雖不許社會大貧大富，讓工商業走上資本主義化。但學問與書本，卻變成了一種變相的資本。所以說黃金滿籯，不如遺子一經。這便是一本書的資本價值，勝過了一籯黃金的資本價值了。因此當時一個讀書家庭，很容易變成一個做官家庭，而同時便是有錢有勢的家庭。當時有所謂家世二千石的。祇要家庭裏有一人做到二千石的官，他當一郡太守，便可有權察舉。他若連做了幾郡的太守，他便是足跡徧天下，各地方經他察舉的，便是他的門生故吏，將來在政治上得意，至少對他原來的舉主，要報些私恩，若有人來到他的郡裏做太守，必然也會察舉他的後人。因此察舉過人的子孫，便有易於被人察舉之可能了。上面說過，漢代選舉，是分郡限額的，每郡祇有幾個額，於是卻永遠落在幾個家庭裏。如是則每一郡必有幾個像樣的家庭，這便造成了將來之所謂世族門第，也便是世族門第必然帶有郡望之來歷了。當時的大門第，依然平均分配在全國各地，大概是每郡都有幾家有聲望的，我無以名之，名之曰門第的社會。這並非封建社會，也並非資本主義的社會，但一樣有不平等。雖非封建貴族，而有書生貴族。雖非工商業資本，而有書籍資本。國家的政治制度，雖並沒有對那些家庭許下世襲特權，但他們因有家庭憑藉，無異於有世襲的特權了。

中國魏晉以下門第社會之起因，最主要的自然要追溯到漢代之察舉制度。但就漢代察舉制度之原始用意言，實在不好算是一種壞制度。但日子久了，那制度就變壞了。這不止是漢代選舉制度如是，我們可以說，古今中外一切制度，都必如是。否則一項好制度，若能永遠好下去，便將使政治窒息，再不需後代人來努力政治了。惟其一切制度都不會永久好下去，纔使我們在政治上要繼續努力，永久改進。制度也祇是歷史事項中之一目，人類整部歷史便沒有百年不變的，那能有一項制度經過一兩百年還算得是好制度呢？

讓我們再來看漢代的制度，他們將政府和皇室劃分，將宰相和皇帝並列，這不好說全出帝王私心，也不能怪他們安排得未盡妥貼。當知任何一制度，也決不會盡善盡美，更無罅隙的。但至少他們懂得皇權之外有相權，至少已懂得皇室之外有政府了。再說到選舉制度，至少他們已懂得政府用人該有一客觀標準，不能全憑在上者之私心好惡。至少他們已懂得該項標準，不該是血統的親疏，不該是勢力的大小。親的貴的強的富的，都不夠此項標準，而採取一項以教育與智識與行政實習之成績，來定取捨進退之標準，而又懂得平均分配到全國各地區，這也不能不說是在當時已算合理化，已算開明與進步的了。至於經濟政策，一面主張輕徭薄賦，寬假平民，一面主張裁抑富厚，導致平等，這也不算得黑暗，不算得無理。至於此後的演變，無論在政府組織上，無論在選舉制度上，無論在經濟政策上，都曾發生了毛病。皇室和政府的關係，終究發生了衝突；選舉制度，到底造成門閥新貴族；經濟制度、兵役制度都沒有弄好，都出毛病了。但我們不能因此一筆抹殺，說漢代並無制度，或說一切制度祇是專制與黑暗，這是我們必該再三申說的。

此下魏晉南北朝，始終沒有像樣的政府，因此也沒有像樣的制度產生，直要到唐代。但唐代已不是漢代的老樣子，老制度，他又換了嶄新的一套。直要待唐代的新制度又出了毛病，宋代又再換一套。此下明代，清代也如此。祇因我們此刻不看重歷史，不研究歷史，所以說中國自秦以下兩千年政治都是一樣，都祇是專制兩字已可包括盡了，其實是不然的。

第二講

唐代

一、唐代政府組織

甲、漢唐相權之比較

漢和唐，是歷史上最能代表中國的兩個朝代，上次講了漢代制度，現在繼續講唐代。先講唐代的政府。政府與皇室的劃分，自漢以來即然。惟就王室論，皇位世襲法，永遠無何大變動，衹是朝代的更換，劉家換了李家，此等事並不重要。但就政府來說，其間變化則很大。政府中最重要者為「相權」，因於相權的變動，一切制度也自隨之變動。唐代政府和漢代之不同，若以現在話來說，漢宰相是採用領袖制的，而唐代宰相則採用委員制。換言之，漢代由宰相一人掌握全國行政大權，而唐代則把相權分別操掌於幾個部門，由許多人來共同負責，凡事經各部門之會議而決定。漢朝衹有一個宰相，但遇政府有大政事，亦常有大會議，這是皇帝宰相和其他廷臣的會議。唐代則把相權劃分成幾個機關，這幾個機關便須常川會議，來決定政府一切最高政令。

漢代宰相下有副宰相，御史大夫，我們也可說，宰相掌握的是行政權，御史大夫掌握的是監察權。唐代宰相共有三個衙門，當時稱為三省：一中書省，二門下省，三尚書省。此三省職權會合，才等於一個漢朝的宰相，而監察權還並不在內。

中書省首長為中書令，門下省主管長官為侍中，尚書省長官為尚書令。唐分官階為九品，第一二品官，均以處元老，不負實際行政責任。三品以下，始為實際負責官吏。中書令、門下侍中及尚書令皆為三品官。若論此三省之來歷，尚書本是皇宮內廷祕書，已在講漢代制度時講過。中書依官名論，也即是在內廷掌理文件之意。侍中則是在宮中奉侍皇帝。故就官職名義言，這三個官，原先本都是內廷官。而到唐代，則全由內廷官一變而為政府外朝的執政長官，和以前性質完全不同。其實宰和相，在春秋時代，也僅係封建貴族的家臣，但到秦漢則化私為公，變成了正式政府的執政官。此後宰相失職，卻又有另一批皇帝內廷私臣變成了正式執政官的，便如唐代之三省。何謂失職？因宰相職權，本該領導政府，統治全國的，後來此項職權，被皇帝奪去了，皇帝把他們的私屬像中書、門下、尚書之類來代行政府宰相的職權，這是東漢以後魏晉南北朝時代的事。現在到唐代，才又把以前宰相職權正式分配給三省。換言之，亦即是把以前皇室濫用之權重交還政府。

乙、唐代中央政府三省職權之分配

現在再說中書、門下、尚書三省職權之分配。

中書主發令。政府一切最高命令，皆由中書省發出。此種最高命令，名義上是皇帝的詔書，在唐代叫做「勅」。凡屬重要政事之最高命令，一定要皇帝下勅行之。但實際上皇帝自己卻並不擬「勅」，而係中書省擬定，此所謂「定旨出命」。在中書省中除中書令為正長官外，設有副長官「中書侍郎」。中書侍郎之下，又有「中書舍人」，員額有七八人之多。中書舍人官位並不高，而他們卻有擬撰詔勅之權。遇中書發布命令，多由他們擬撰。

中國政治上的傳統觀念，對一意見之從違抉擇，往往並不取決於多數，如西方所謂之民主精神。而中國人傳統，則常求取決於賢人。春秋時即有「賢均從眾」之說（見《左傳》）。那一人賢，就採納那一人的意見。假若雙方均賢，則再來取決於多數。賢屬質，眾屬量，中國傳統重質不重量。中國人認為衹要其人是賢者，就能夠代表多數。不賢而僅憑數量，是無足輕重的。這一觀念，反映在漢代的選舉制度上，便極明顯。所以國家的選舉權，並不付託於社會一般民眾，而徑由地方長官行使之。照理，地方長官應該擇賢而任。他既是一位賢長官，自能博採輿情，為國家選拔真才。這是理論。至於事實之不能全合於理論，則屬另一問題。即如唐制，中書舍人擬稿，亦由諸舍人各自擬撰，是謂「五花判事」。然後再由中書令或中書侍郎就此許多初稿中選定一稿，或加補充修潤，成為正式詔書，然後再呈送皇帝畫一敕字。經畫敕後，即成為皇帝的命令，然後行達門下省。所以唐代政府定旨出命之權，實操於中書省。皇帝祇同意畫敕而止。待門下省主管長官侍中及副長官侍郎接獲此項詔書後，即加予覆覈，這是對此項命令之再審查。

在門下省侍中侍郎之下，設有若干第三級官，謂之「給事中」。給事中官位並不高，但對皇帝詔書亦得參加意見。若門下省反對此項詔書，即將原詔書批註送還，稱為「塗歸」。意即將原詔書塗改後送還中書省重擬之意。塗歸亦稱「封駁」、「封還」、「駁還」等，其意義略相同。此項塗歸封駁之權則屬諸門下省。若以今日慣語說之，門下省所掌是一種副署權。每一命令，必須門下省副署，始得發生正式效能。如門下省不同意副署，中書命令便不得行下。詔敕自中書定旨門下覆審手續完成後，即送尚書省執行。尚書省則僅有執行命令之權，而於決定命令則無權過問。

丙、中央最高機構政事堂

此種制度，亦有相當麻煩處。如中書省擬好命令送達門下省，如遇門下省反對，即予塗歸封還，如是則此道命令等於白費，即皇帝之「畫敕」亦等於無效。故唐制遇下詔敕，便先由門下省和中書省舉行聯席會議，會議場所稱為「政事堂」。原先常在門下省舉行，後來又改在中書省召開。會議時，中書、門下兩省長官及侍郎皆出席。若尚書省長官不出席政事堂會議，即事先不獲預聞命令決奪。故唐人目光中，須中書門下始稱真宰相。

唐太宗在未登極前，曾做過尚書令，及太宗即位，朝臣無敢再當尚書令之職，因此尚書省長官尚書令常虛懸其缺。僅有兩個副長官，即尚書左僕射及右僕射。尚書左右僕射若得兼銜，如「同中書門下平章事」，及「參知機務」等名，即得出席政事堂會議，獲得真宰相之身分。最先尚書僕射都附此職銜，所以三省全是真宰相。但到開元以後，即尚書僕射不再附有出席政事堂之職銜了。如是則他們祇有執行命令之權，而無發布命令及參與決定命令之權。他們職掌的，並非政府的最高職權，因此也不得認為真宰相。

但唐制除三省長官外，也有其他較低級官員而得附參知機務或同三品平章事等職銜的，如是則此人亦得參與政事堂會議。此如現今內閣中之不管部大臣，行政院中之不管部的政務委員，雖非某一部的主管長官，而得出席政務會議，預聞國家大政決奪。此等人必是官位雖低而早負時望的，始得加此職銜。當時的尚書省，則略等於現在的行政院，而且是名實相符之行政院。因他祇管行政，不管出命。政府的最高機構，則在政事堂。凡屬皇帝命令，在勅字之下，須加蓋「中書門下之印」，即須政事堂會議正式通過，然後再送尚書省執行。若未加蓋「中書門下之印」，而由皇帝直接發出的命令，在當時是認為違法的，不能為下面各級機關所承認。故說「不經鳳閣鸞臺，何得為勅」（中書省武則天改稱鳳閣，門下省武則天改稱鸞臺）。這仍是說一切皇帝詔命，必經中書、門下兩省。其實則皇帝的詔勅，根本由中書擬撰。

但中國傳統政治，仍有一大漏洞。在唐代，也並無皇帝絕不該不經中書、門下而徑自頒下詔書之規定。這是中國傳統政治制度下一種通融性。往往每一制度，都留有活動變通之餘地，不肯死殺規定，斬絕斷制。因此中國皇帝不致如英國皇帝般逼上斷頭臺，或限定他不得為種種活動。事實上唐代也確有不經中書、門下而皇帝隨便下命令的。不經鳳閣鸞臺何名為勅，此是劉禕之批評武則天的話，而劉禕之因此遭了殺身之禍。武則天以下的唐中宗，也便不經兩省而徑自封拜官職。但中宗究竟心怯，自己覺得難為情，故他裝置詔勅的封袋，不敢照常式封發，而改用斜封。所書「勅」字，也不敢用朱筆，而改用墨筆。當時稱為「斜封墨勅」。此即表示此項命令未經中書門下兩省，而要請下行機關馬虎承認之意。在當時便認為這是一件值得大書特書之事，因此在歷史上傳下。當時唐中宗私下所封之官，時人稱為「斜封官」，因其未經正式勅封手續而為一般人所看不起。舉此一例，便知中國傳統政治，本不全由皇帝專制，也不能說中國人絕無法制觀念。

但中國政治史上所規定下的一切法制，有時往往有不嚴格遵守的，此亦是事實。但嚴格說來，則此等事總屬胡鬧，不可為訓。祇因鬧得不大，皇帝私下祇封幾個小官職，也不致有大影響。直到宋朝，太祖趙匡胤開國為帝時，建德二年，恰逢三個宰相相繼去職，太祖欲派趙普為宰相，但皇帝詔勅一定要經宰相副署，此刻舊宰相既已全體去職，一時找不到副署人，該項勅旨，即無法行下。宋太祖乃召集群臣會商辦法，當時有人獻議說：「唐代皇帝曾有一次下勅未經宰相副署，此在甘露事變時，當時前宰相已死，皇帝臨時封派宰相，即由尚書僕射參知政事者蓋印，今可仿此方式辦理。」同時即有人反對，謂：「唐代甘露事變，雖曾用此方式，但為亂時變通權宜辦法。今大宋昇平，不應採此方式。」如是再四商討，始決定由當時開封府尹副署蓋印行下。當時宋都開封，開封府尹即等於國民政府建都南京時之南京市長，恰巧當時開封府尹是趙匡義，又係宋太祖的嫡親胞弟，後來即為宋太宗；這才算完備了這一詔勅的法定手續。根據這一點看，中國過去的政治，不能說皇權、相權絕不分別，一切全由皇帝專制。我們縱要說它是專制，也不能不認為還是一種比較合理的開明的專制。它也自有制度，自有法律，並不全由皇帝一人的意志來決定一切的。我們現在應該注意在它的一切較詳密的制度上，卻不必專在專制與民主的字眼上來爭執。

再說回來，唐代中書、門下省參加政事堂會議的，多時有至十幾人，最少則祇有兩人，即中書令及門下侍中。開會時有一主席，稱為「執筆」。討論結果，由他綜合紀錄，等於現在之書記長。此項主席輪流充任。有時一人輪十天，有時一人輪一天。大家的意見，不僅由他綜合紀錄，而且最後文字決定之權亦在他。這是唐代宰相一職，在採用委員制中的首席來代替領袖制的一種運用與安排。

丁、尚書省與六部

國家一切最高政令，一經政事堂會議決定後，便送尚書省執行，尚書省是政府裏最高最大的行政機構。尚書省共分六部，即吏部、戶部、禮部、兵部、刑部、工部。此六部制度，自唐代以至清代末年，推行了一千多年，不過六部次序有時略有改動。唐開始時是吏、禮、兵、民（戶部）、刑、工，唐太宗時改為吏、禮、民（戶）、兵、刑、工，至宋朝初年次序是吏、兵、刑、民（戶）、工、禮，宋神宗時王安石變法，其次序為吏、戶、禮、兵、刑、工，這次序遂為以後所沿襲。

吏部主管人事及任用之權，官吏必先經過考試，再由吏部分發任用。五品以上官，由宰相決定，但吏部可以提名。五品以下官，宰相不過問，全由吏部依法任用。戶部掌管民政戶口等事，禮部主管宗教教育事宜，兵部掌軍事，刑部掌司法，工部主管建設，各有職掌。若以之比擬漢代之九卿，這不能不說是一大進步。漢代九卿如光祿勳，就官名本義論，等於是皇帝的門房，不脫宮廷私職的氣味。唐代正名為吏部，掌理人事，名稱恰當。又如漢代管軍事的為「衛尉」，衛仍對宮廷言，唐代稱為兵部，職名始正。太常卿就名義言，也偏在皇家私的祭祀，唐代改為禮部，便確定為政務官了。我們祇論漢唐兩代官名之改革，便見中國政治史上政治意識之絕大進步。漢代九卿，就名義論，衹是辦理皇室內廷事的家務官，唐代始正式有六部尚書，顯然成為管理國家政務的機構，不像漢代衹似皇帝的侍從。此為中國政治史上一大進步，無論從體制講，從觀念講，都大大進步了。

尚書省乃唐代中央政府組織最龐大的機構，其建築亦相當宏大。總辦公廳名為「都堂」，兩旁為左右兩廂，吏、戶、禮三部在左，兵、刑、工三部在右。由左右僕射分領。每部分四司，六部共二十四司。每部之第一司即為本司，如吏部之第一司為吏部司是。其餘各司各有名稱。尚書省各部主管，上午在都堂集體辦公，遇事易於洽商，下午各歸本部分別辦公。如有「參知機務」或「同平章事」銜者，可去政事堂出席最高政事會議。無此等銜者，則專在本省辦公。唐代有名鉅著《唐六典》一書，即因記載此尚書省中六部之組織、用人、職務分配等而名。此書對當時政府各部門各組織之各項政權及人事分配，均有詳細規定。此書遂成為中國歷史上行政法規之巨典，此後宋、明、清各代，均重視此寶貴法典，奉為圭臬。千餘年來，國家推行政務，大體以此書為典範，無多變更。此後中央政府之變動，衹在中書門下發命令的一部分，至於執行命令的尚書省六部制度，則從未有大變更。此《唐六典》一書，係唐玄宗時，大體依唐代現行法規而纂輯，可說是當時的具體事實與現行制度，與本之理想和希望者不同。中國歷史上關於政治制度方面有兩大名著，一為《周禮》，一即《唐六典》。前書為中國先秦時代人之烏托邦，純係一種理想政府的組織之描寫。亦可謂是一部理想的憲法。其最堪重視者，乃為政治理想之全部制度化，而沒有絲毫理論的痕跡，祇見為是具體而嚴密的客觀記載。我們讀此書，便可想見中國古代人之政治天才，尤其在不落於空談玄想，而能把一切理論化成具體事實而排列開來之一層。所以《周禮》雖不是一部歷史書，不能作為先秦時代的制度史大體上看，而實是一部理論思想的書，應為講述先秦政治思想之重要材料。至於《唐六典》，則確已是唐代實際的行政法規，為唐代政府所真實遵循。雖富理想而已成事實。祇由《周禮》而演進到《唐六典》，這一步驟，也可認為是中國政治歷史上一極大的進步。但我們談《唐六典》的，仍不應僅當它是一部歷史書，為記載唐代現實制度的書，而應同時當它是一部理論和思想的書看。因唐代人對政治上的種種理論和思想，都已在此書中大部具體化制度化了。制度的背後，都應有理論和思想。一切制度，決不會憑空無端的產生。若我們忽略了中國已往現實的政治制度，而來空談中國人已往的政治思想，也決無是處。

戊、唐代地方政府

以上講的唐代中央政府，現在續講地方政府。

唐代中央政府的組織似較漢代進步了，但以地方政府論，則唐似不如漢。唐代已漸漸進到中央集權的地步，逐漸內重而外輕。中央大臣，比較漢朝要更像樣些，但地方長官則較漢為差。中國歷史上的地方行政，最像樣的還該推漢代。唐代地方行政最低一級為縣，和漢代一樣。唐玄宗時，全國有一千五百七十三個縣，比漢代多出兩百多縣。縣級以上為「州」，唐之「州」與漢「郡」是平等的。州設刺史，在漢最先本為監察官，唐刺史則為地方高級行政首長。唐代有三百五十八州，較漢代郡數多兩倍餘。唐「縣」分上中下三等，六千戶以上為上縣，六千戶以下三千戶以上為中縣，三千戶以下為下縣。漢縣僅分二級，萬戶以上為大縣，其長官稱令。萬戶以下為二級縣，其長官稱長。可見唐代的縣比漢縣為小。唐代的州也分上中下三級，十萬戶以上為上州，二萬戶以上為中州，二萬戶以下為下州。這較諸漢郡，相差更遠。漢郡戶口在百萬以上的並不少，即此可見唐代地方長官，其職權比重，較之漢代差遜甚遠。

其次是地方長官之掾屬。在漢代由郡太守縣令長自行辟署任用，唐代則任用之權集中於中央之吏部。州縣長官無權任用部屬，全由中央分發。任地方官者，因其本身地位低，不得不希望升遷，各懷五日京兆之心。政府亦祇得以升遷來獎勵地方官，於是把州縣多分級次，由下到中，由中到上，升了幾級，還如沒有升。不像漢代官階上下相隔不甚遠，升轉亦靈活。由縣令升郡太守，便是二千石，和中央九卿地位相埒。漢制三年考績一次，三考始定黜陟，因階級少，升遷機會優越，故能各安於位，人事變動不大，而行政效率也因之提高。唐代則遷調雖速，下級的永遠沉淪在下級，輕易不會升遷到上級去。於是在官品中漸分清濁，影響行政實際效力極大。

己、觀察使與節度使

說到地方行政，便須附帶述及監察制度。漢代丞相為政府最高首領，副丞相即御史大夫，主管監察。御史大夫職權，不僅監察中央及地方政府，同時並監察及皇宮之內，這已在漢制中說到。唐代設御史臺，所謂三省六部一臺，御史臺成為一獨立之機構，不屬於三省。換言之，監察權是脫離相權而獨立了。此即是唐代監察制度與漢代相異之點。

唐中宗後，御史臺分左右御史，左御史監察朝廷中央政府，右御史監察州縣地方政府，此即所謂「分巡」「分察」。監察中央的謂之「分察」，監察地方的謂之「分巡」。中央方面最要者為監察尚書省內之六部，中書門下兩省則不在監察之列。唐德宗時，尚書六部，吏禮兵工戶刑每兩部各設御史監察一人，謂之分察。分巡則分全國為十道，派去監察之御史，稱為監察使，後改巡察、按察諸稱，最後稱為觀察使，意即觀察地方行政。在漢制，刺史規定六條視察，大體範圍，不得越出於六條以外。在唐代，名義上仍是巡察使，觀察使，明明是中央官，派到各地區活動巡視觀察，實際上則常川停駐地方，成為地方更高一級之長官。地方行政權掌握在手，其地位自較原置地方官為高。姑設一淺譬，如今制，教育部派督學到某幾大學去視察，此督學之地位，自不比大學校長。彼之職務，僅在大學範圍內，就指定項目加以視察而止。但唐代則不然。獨如教育部分派督學在外，停駐下來，而所有該地區之各大學校長，卻都得受其指揮，他可以直接指揮各大學之內部行政，而各大學校長俯首聽命。這一制度，無異是降低了各大學校長之地位。故唐代監察使，論其本源，是一御史官，而屬於監察之職者。但逐漸演變成了地方長官之最高一級。把府縣地方官壓抑在下面。如是則地方行政，本來祇有二級，而後來卻變成三級。然其最高一級則名不正，言不順，遂形成一種中央集權，對地方行政，極有流弊。

假使此項監察使巡視邊疆，在邊防重地停駐下來，中央要他對地方事務隨宜應付，臨時得以全權支配，這即成為節度使。節是當時一種全權印信，受有此全權印信者，便可全權調度，故稱節度使。節度使在其地域，可以指揮軍事，管理財政，甚至該地區用人大權，亦在節度使之掌握，於是便形成為「藩鎮」。而且唐代邊疆節度使逐漸擢用武人，於是形成一種軍人割據。本意在中央集權，而演變所極，卻成為尾大不掉。東漢末年之州牧，即已如此，而唐代又蹈其覆轍。安史之亂，即由此產生。而安史亂後，此種割據局面，更形強大，牢固不拔。其先是想中央集權，由中央指派大吏到外面去，剝奪地方官職權。而結果反而由中央派去的全權大吏在剝奪地方職權之後，回頭來反抗中央，最後終至把唐朝消滅了。這與後來清代的情形也相彷彿。清代地方最高長官本為布政使，就如現在的省主席。清代的總督巡撫，就名義論，應該如欽差大臣般，臨時掌管軍事的。但結果常川駐紮地方，其權力壓在布政使上面，馴致中央集權，地方無權。而到後此輩巡撫總督，卻不受中央節制，中央也便解體了。這是中國政治史上內外政權分合一大條例。

總之中國是一個廣土眾民的大國家，必需得統一，而實不宜於過分的中央集權。這在中國的政治課題上，是一道值得謹慎應付的大題目。現在專說唐代，似乎其中央行政比漢進步，而地方行政則不如漢。中央的監察官變成了地方行政官，這是一大缺點。而由軍隊首領來充地方行政首長，則更是大毛病。唐室之崩潰，也可說即崩潰在此一制度上。

二、唐代考試制度

甲、魏晉南北朝時代之九品中正制

上會我們曾講過漢代的選舉制，到唐代，此項制度，實際上已完全由考試制度來代替。說到考試兩字之原始意義，考是指的考績，試是指的試用。遠在戰國晚年，已有一大批中國古代的烏托邦主義者，在提倡選賢與能，在提倡考課與銓敘，其用意在規定一項政府用人之客觀標準。漢代選舉制度即由此提倡而來。唐代的科舉，其實還是由漢代的選舉制演變，而我們此刻則稱之為考試制。

漢代是鄉舉里選之後，而再由中央加以一番考試的。其先是對策，對策祇是徵詢意見而已。直要到東漢晚期，左雄為尚書，纔始正式有考試。其時則考試祇為選舉制度中之一節目。迨至東漢末年，天下大亂，漢獻帝逃亡，中央地方失卻聯繫，一切制度全歸紊亂，鄉舉里選的制度，自亦無從推行。於是朝廷用人沒有了標準，尤其是武人在行伍中濫用人員，不依制度。曹操以陳群為尚書，掌吏部用人事，陳群始創設九品中正制。此制大體，就當時在中央任職，德名俱高者，由各州郡分別公推大中正一人。猶如此刻中央政府播遷來臺，就各省流亡在臺人士中分省各推一人，而此人則指定其必須在政府服職者，令其為大中正。由大中正下再產生小中正。然後由中央分發一種人才調查表，此項表格中，把人才分成九品，上上、上中、上下，中上、中中、中下，下上、下中、下下。讓各地大小中正，各就所知，把各地流亡在中央的人士，分別記入。不論其人已經做官或從未入仕，皆可入登記表。表內詳載其年籍各項，分別品第，並加評語。所以主持這項工作的便稱九品中正。這些表格，由小中正襄助大中正核定後呈送吏部，吏部便根據此種表冊之等第和評語來斟酌任用，分別黜陟。這樣一來，官吏之任命與升降，比較有一客觀標準。而此項標準，則依然是依據各地方之群眾輿論與公共意見，依然仍保留有漢代鄉舉里選之遺意。所由與近代西方民主選舉制度不同者，仍然是一從眾，一從賢。中國傳統觀念，總謂賢人可以代表群眾輿論與公共意見。此是一理論。至於賢人而實不賢，中正而並不中正，則另是一事實。至少在曹魏初行此制時，總比以前漫無標準各自援用私人好得多。一時制度建立，吏治澄清，曹家的得天下，這制度也有關係的。

但究竟此制僅為一時的救弊措施。如同某藥治某病，病癒即不宜再服。否則藥以治病，亦以起病。迨及晉代統一天下，以迄於南北朝，對於陳群此制，都繼續採用，不能加以更新，這樣毛病就出了。首先是人人想獲大中正品題提拔，便紛紛集中到大中正所在地的中央。全國人才集中到中央，這不是件好事。首先是地方無才，不論地方行政要減低效率，而地方風俗文化，也不易上進。地方垮臺了，中央那能單獨存在。所以中央集權不是件好事，而中央集才也不是件好事。這是第一點。再則中正評語，連做官人未做官人通體要評，而吏部憑此升黜，如是則官吏升降，其權操之中正，而不操於此本官之上司。這是把考課銓敘與選舉混淆了。於是做官的也各務奔競，襲取社會名譽，卻不管自己本官職務與實際工作，而其上司也無法奈何他。在陳群時，為什麼要大中正定由中央大官兼職呢？此因當時地方與中央已失卻聯繫，故祇就中央官來兼任大中正，好由他推選他的本鄉人士之流亡在中央者備供中央之任用。但又為何中正簿上定要連做官人一并登記品評呢？因為如此做法，便可把當時已經濫用不稱職的一批人澄清除去。這些都是陳群創設此制時之苦心。因此九品中正制就其為一時救弊起見，也不算是壞制度。但到後來，因施行的時間空間關係都不同了，而還是照樣沿用，遂終於出了大毛病。

從此可知，政治制度是現實的，每一制度，必須針對現實，時時刻刻求其能變動適應。任何制度，斷無二三十年而不變的，更無二三百年而不變的。但無論如何變，一項制度背後的本原精神所在，即此制度之用意的主要處則仍可不變。於是每一項制度，便可循其正常軌道而發展。此即是此一項制度之自然生長。制度須不斷生長，又定須在現實環境現實要求下生長，制度決非憑空從某一種理論而產生，而係從現實中產生者。惟此種現實中所產生之此項制度，則亦必然有其一套理論與精神。理論是此制度之精神生命，現實是此制度之血液營養，二者缺一不可。即如唐代一切制度，也多半是由南北朝演變而來，有其歷史淵源，亦有其傳統精神。今天我們卻把歷史切斷，一概想模仿外國制度，明明知道這一制度與現實不配合，卻想推翻現實來遷就制度，而美其名曰革命。其實革命的本質，應該是推翻制度來遷就現實的，決非是推翻現實來遷就制度的。我們此刻，一面既否定了傳統制度背後的一切理論根據，一面又忽略了現實環境裏面的一切真實要求。所以我們此刻的理論，是蔑視現實的理論。而我們所想望的制度，也是不切現實的制度。若肯接受已往歷史教訓，這一風氣是應該警惕排除的。在曹操當時，採行九品中正制而有效於一時，但以後此制度墨守不變，毛病叢出，後來人便祇怪九品中正制不好，其實這也有些冤枉。

乙、唐代之科舉

現在再說到每項制度之變，也該有一可變的限度，總不能惟心所欲地變。所貴的是要在變動中尋出它不變的本源，這便是所謂歷史傳統。傳統愈久，應該此大本大原之可靠性愈大。換言之，即是其生命力益強。就中國以往政治論，宰相權給皇帝拿去一定壞，用人無客觀標準，一定也要壞。九品中正制，本想替當時用人定出一客觀標準，還是不失此項制度所應有的傳統精神的。但後來卻變成擁護門第，把覓取人才的標準，無形中限制在門第的小範圍內，這便大錯了。唐代針對此弊，改成自由競選，所謂「懷牒自列」，既不需地方長官察舉，更不需中央九品中正評定，把進仕之門擴大打開，經由各人各自到地方政府報名，參加中央之考試。

這制度，大體說來，較以前是進步的。漢制規定商人不能做官，做官人亦不能經商，鄉舉里選係由地方政府察舉呈報。現在自由報考之惟一限制，即報名者不得為商人或工人。因工商人是專為私家謀利的，現在所考試求取者則須專心為公家服務。此項報名之這一限制，在當時稱為身家清白，自然並兼未經犯過國家法律在內。此外則地方官不再加以限制，即申送中央，由尚書禮部舉行考試。考試及格，即為進士及第。進士及第便有做官資格了。至於實際分發任用，則須經過吏部之再考試，所考重於其人之儀表及口試，乃及行政公文等。大抵禮部考的是才學，吏部考的是幹練。又因禮部試有進士明經諸科，故此制又稱科舉制。自唐至清，此制推行勿輟。即孫中山先生之五權憲法裏，亦特別設有考試權。

這一制度，在理論上，決不可非議，但後來仍然是毛病百出。然我們並不能因其出了毛病，而把此制度一筆抹殺。謂政府用人，何不用民主投票方式。其實西方近代的選舉投票，亦何嘗沒有毛病。而且我們把現代通行的制度來作為批評千餘年前的舊制度之一種根據，那是最不合情實的。在西方現行的所謂民主政治，祇是行政領袖如大總統或內閣總理之類，由民眾公選，此外一切用人便無標準。這亦何嘗無毛病呢？所以西方在其選舉政治領袖之外，還得參酌採用中國的考試制度來建立他們的所謂文官任用法。而在我們則考試便代替了選舉。故唐代杜佑著《通典》，首論食貨（即是財政與經濟），次為選舉。其實在漢為選舉，在唐即為考試。可見在中國政治傳統上，考試和選舉是有同樣的用意和同樣的功能的。

西方現行民主政治，乃係一種政黨政治，政務官大體在同黨中選用，事務官則不分黨別，另經考試。此項官吏，可以不因政務官之更換而失去其服務之保障。在中國則一切用人，全憑考試和銓敘，都有一定的客觀標準。即位高至宰相，也有一定的資歷和限制，皇帝並不能隨便用人作宰相。如是則變成重法不重人，皇帝也祇能依照當時不成文法來選用。苟其勿自越出於此種習慣法之外，也就不必定要一一再諮詢眾意。這也不能說它完全無是處。如必謂中國科舉制度是一種愚民政策，由一二皇帝的私意所造成，這更不合理。當知任何一種制度之建立，儻是僅由一二人之私意便能實現了，這便無制度可講。若謂此乃皇帝欺騙民眾，而且憑此欺騙，便能專制幾百年，古今中外，絕無此理。若民眾如此易欺易騙，我們也無理由再來提倡民主政治。

憑事實講，科舉制度顯然在開放政權，這始是科舉制度之內在意義與精神生命。漢代的選舉，是由封建貴族中開放政權的一條路。唐代的公開競選，是由門第特殊階級中開放政權的一條路。

唐代開放的範圍，較諸漢代更廣大，更自由。所以就此點論，我們可以說唐代的政治又進步了。當時一般非門第中人，貧窮子弟，為要應考，往往借佛寺道院讀書。如王播即是借讀於和尚寺而以後做到宰相之一人，飯後鐘的故事，至今傳為嘉話。但唐代的科舉制度，實在亦有毛病。姑舉一端言之，當時科舉錄取雖有名額，而報名投考則確無限制。於是因報考人之無限增加，而錄取名額，亦不得不逐步放寬。而全國知識分子，終於求官者多，得官者少，政府無法安插，祇有擴大政府的組織範圍。唐代前後三百年，因政權之開放，參加考試者愈來愈多，於是政府中遂設有員外官，有候補官，所謂士十於官，求官者十於士，士無官，官乏祿，而吏擾人，這是政權開放中的大流弊。此項流弊，直到今日仍然存在。

當知近代西方所謂的民主革命，乃由政權不開放而起。而中國則自唐以下，便已犯了政權開放之流毒。以水救水，以火救火，不僅是藥不對病，而且會症上加症。若要解決中國社會之積弊，則當使知識分子不再集中到政治一途，便該獎勵工商業，使聰明才智轉趨此道。然結果又很易變成資本主義。在西方是先有了中產社會，先有了新興工商資本，然後再來打開仕途，預聞政治。而中國則不然，可說自兩漢以來，早已把政權開放給全國各地，不斷獎勵知識分子加入仕途，而同時又壓抑工商資本。祇鼓舞人為大學者，當大官，卻不獎勵人為大商人，發大財。節制資本，平均地權，大體上是中國歷史上的傳統政策。政治措施，存心在引導民間聰明才智，不許其為私家財力打算無限制的發展。於是知識分子競求上政治舞臺去做官，仕途充斥，造成了政治上之臃腫病。讀書人成為政治脂肪。若再獎勵他們來革命，來爭奪政權，那豈得了？可見任何制度有利亦有弊，並不是我們的傳統政治祇是專制黑暗，無理性，無法度，卻是一切合理性有法度的制度全都該不斷改進，不斷生長。

三、唐代經濟制度

甲、唐代的租庸調制

現在再講唐代的經濟制度，主要的仍先講田賦。

唐代的田賦制度稱為「租」「庸」「調」。租是配給人民以耕種的田地，年老仍繳還政府，在其授田時期，令其負擔相當的租額。這是一種均田制度，承北魏而來。均田制所與古代的井田制不同者，井田乃分屬於封建貴族，而均田則全屬中央政府，即國家。均田是郡縣制度下的井田，而井田則是封建制度下的均田。說到租額，則僅為四十稅一，較之漢代三十取一，更為優減。「庸」即是役，乃人民對國家之義務勞役。唐制每人每年服役二十天，較之漢代每人每年服役三十天又減輕了。「調」是一種土產貢輸，各地人民須以其各地土產貢獻給中央，大體上衹是徵收絲織物和麻織物。在《孟子》書裏即有粟米之征，布帛之征，力役之征三項目，租即是粟米之征，庸是力役之征，調是布帛之征。中國既是一個農業社會，人民經濟，自然以仰賴土地為主。唐代租庸調制，最要用意，在為民制產，務使大家有田地，自可向國家完糧。耕種田地的自然是壯丁，便可抽出餘暇，為國家義務服役。有丁有田，自然有家，農業社會裏的家庭工業，最要的是織絲織麻，國家調收他一部分的贏餘，也不為病。唐代租庸調制，大體比漢代定額更輕，說得上是一種輕傜薄賦的制度。而且租庸調項目分明，有田始有租，有身始有庸，有家始有調。此制的最高用意，在使有身者同時必有田有家，於是對政府徵收此輕微的稅額，將會覺得易於負擔，不感痛苦。這是唐制較勝於漢制之所在。

乙、唐代賬籍制度

然而這一制度，即從北魏均田制算起，時期維持得並不久，而且推行也並不徹底。因為北朝乃及初唐，全國各地，都有大門第豪族分布，而他們則依然是擁有大量土地的。即使是不徹底的均田制度，也並不能長久持續。推行了一時期，便完全破壞了。

依照歷史來講，租庸調制之所以能推行，全要靠賬籍之整頓。唐初的人口冊是極完密的。自小孩出生，到他成丁，以至老死，都登載上。當時的戶口冊就叫籍，全國戶口依照經濟情況分列九等。此項戶口冊，同樣須造三分，一本存縣，一本送州，一本呈戶部。政府的租調，全都以戶籍為根據。賬則是壯丁冊子，在今年即預定明年課役的數目，這是庸的根據。唐制每歲一造賬，三歲一造籍。壯丁冊子一年重造一次，戶籍冊子則三年重造一次。一次稱一比，因其可以用來和上期的簿賬相比對。唐制，州縣經常須保存五比，戶部經常保存三比，如是則地方政府對戶口壯丁變動，可以查對到十五年，戶部可以查覈到九年。這一工作相當麻煩。戶口有異動，田畝有還授（丁年十八授田，六十為老還官），這樣大的一個國家，普遍經常的調查登記改動校對，絲毫不能有疏忽與糢糊。這須具有一種精神力量來維持，否則很不容易歷久不衰。況且唐代很快便走上了太平治安富足強盛的光明時代，那時人不免感到小小漏洞是無關大體的。某一家的年老者已逾六十，他的名字沒有銷去，小孩子長大了，沒有添列新丁。新授了田的，還是頂補舊人的名字。這些偷懶馬虎是難免的。然而這些便是此後租庸調制失敗的最大原因。恐怕並不要到達戶口太多，田畝太少，田地不夠分配，而租庸調制早得崩潰了。這是一種人事的鬆懈。至於地方豪強大門第從中舞弊，阻擾此項制度之進展，那更不用說了。

即就賬籍制度言，可見每一項制度之推行與繼續，也必待有一種與之相當的道德意志與服務忠誠之貫注。否則徒法不能以自行，縱然法良意美，終是徒然。而且任何一制度，也必與其他制度發生交互影響。故凡一制度之成立，也決非此項制度可以單獨成立的。再說此項制度，其用意頗有些近似現代所謂的計劃經濟。這要全國民眾，每個家庭，每個壯丁都照顧到，計劃到。在近代大規模的利用科學統計，交通方便，聲息靈活，印刷術容易，尚且感到有困難。古代交通既不便，政府組織簡單，紙張亦貴，書寫不便，這些都是大問題。在這種情形下，戶口登記逐漸錯亂，此制即無法推行。迫不得已，才又改成兩稅制。

唐代的租庸調制，可說結束了古代井田均田一脈相傳的經濟傳統，而兩稅制則開濬了此後自由經濟之先河。

丙、唐代的兩稅制

唐代的兩稅制，開始在唐德宗建中元年，為當時掌理財務大臣楊炎所策劃。自此以來，直到今天，中國田賦，大體上，還是沿襲這制度。因其一年分夏秋兩次收稅，故稱兩稅。此制與租庸調制之不同，最顯著者，據唐時人說法，兩稅制是「戶無主客，以見居為簿」的。這是說你從江蘇搬到湖北，也如湖北人一般，不分你是主是客，祇要今天住在這地方，就加入這地方的戶口冊。如是則人口流徙，較為自由了。又說「人無丁中，以貧富為差」。這是說你有多少田，政府便向你收多少租。如是則義務勞役等種種負擔，也獲解放了。這不能不說是此制之好處。然而政府不再授田，民間自由兼併，所以兩稅制一行，便把中國古代傳統的井田、王田、均田、租庸調，這一貫的平均地權，還受田畝的作法打破。這樣一解放，直到清代，都是容許田畝自由買賣，自由兼併。

這一制度和古制相較，也有它的毛病。據當時一般意見說，租庸調制三個項目分得很清楚，現在歸併在一起，雖說手續簡單，但日久相沿，把原來化繁就簡的來歷忘了，遇到政府要用錢，要用勞役，又不免要增加新項目。而這些新項目，本來早就有的，祇已併在兩稅中徵收了，現在再把此項目加入，豈不等於加倍徵收。這是稅收項目不分明之弊。而更重要的，則在此一制度規定租額的一面。中國歷史上的田賦制度，直從井田制到租庸調制，全國各地租額，由政府規定，向來是一律平均的。如漢制規定三十稅一，唐制則相當於四十而稅一，這在全國各地，一律平等，無不皆然。但兩稅制便把這一傳統，即全國各地田租照同一規定數額徵收的那一項精神廢棄了。在舊制，先規定了田租定額，然後政府照額徵收，再把此項收來的田租作為政府每年開支的財政來源，這可說是一種量入為出的制度。但兩稅制之規定田租額，則像是量出為入的。因當時楊炎定制，乃依照其定制的前一年，即唐代宗之大曆十四年的田租收入為標準而規定以後各地的徵收額的。如是一來，在政府的徵收手續上，是簡單省事得多了，可以避免每年調查統計墾田數和戶口冊等種種的麻煩，但相因而起的弊病卻大了。因為如此一來，就變成了一種硬性規定，隨地攤派，而不再有全國一致的租額和稅率了。

讓我舉一個具體的實例來講。據當時陸贄的奏議說：

臣出使經行，歷求利病，竊知渭南縣長源鄉，本有四百戶，今纔一百餘戶。閿鄉縣本有三千戶，今纔有一千戶。其他州縣，大約相似。訪尋積弊，始自均攤逃戶。凡十家之內，大半逃亡，亦須五家攤稅。似投石井中，非到底不止。

這因為兩稅制之創始，本因以前的賬籍制度淆亂了，急切無從整理，纔把政府實際收得的田租收入，以某一年為準而硬性規定下來，叫各地方政府即照此定額按年收租。若某一地以某種情況而戶口減少了，墾地荒曠了，但政府則還是把硬性規定下來的徵收額平均攤派到現有的墾地和家宅去徵收。於是窮瘠地方，反而負擔更重的租額，形成如陸贄所說，由五家來攤分十家的負擔，這豈不憑空增加了他們一倍的租額嗎？於是那地的窮者愈窮，祇有繼續逃亡，其勢則非到一家兩家來分攤這原來十家的負擔不止，而此一家兩家則終必因破產而絕滅了。

再換一方面推想，那些逃戶遷到富鄉，富鄉的戶口增添，墾地也多闢了，但那一鄉的稅額也已硬性規定下，於是分攤得比較更輕了。照此情形，勢必形成全國各地的田租額輕重不等，大相懸殊，而隨著使各地的經濟情況，走上窮苦的更窮苦，富裕的愈富裕。這是唐代兩稅制度嚴重影響到此後中國各地經濟升降到達一種極懸殊的情形之所在。雖說此後的兩稅制，曾不斷有三年一定租額等詔令，但大體來說，自唐代兩稅制創始，中國全國各地，遂不再有田租額一律平等的現象，則是極顯著的事實呀！

唐代兩稅制，規定不收米穀而改收貨幣，因此農民必得拿米糧賣出，換了錢來納稅。如是則商人可以上下其手，而農民損失很大。讓我再舉一實例。據當時的陸贄說：

定稅之數，皆計緡錢。納稅之時，多配綾絹。往者納絹一匹，當錢三千二三百文，今者納絹一匹，當錢一千五百文。往輸其一，今過於二。

又據四十年後的李翱說：

建中元年，初定兩稅，至今四十年。當時絹一匹為錢四千，米一斗為錢兩百，稅戶輸十千者，為絹二匹半而足。今絹一匹，價不過八百，米一斗，不過五十。稅戶之輸十千者，為絹十二匹。況又督其錢，使之賤賣耶？假令官雜虛估以受之，尚猶為絹八匹，比建中之初，為加三倍。

這一項田租改徵貨幣的手續，也從兩稅制起直沿續到現在。最主要的，則是政府為著財政收支以及徵收手續之方便起見，而犧牲了歷史上傳統相沿的一項經濟理想，即土地平均分配的理想。自兩稅制推行，政府便一任民間農田之自由轉移，失卻為民制產的精神。結果自然會引起土地兼併，貧富不平等，耕者不能有其田，而獎勵了地主的剝削。

總之，這一制度之變更，是中國田賦制度上的最大變更，這是中國歷史上經濟制度土地制度古今之變的一個至大項目。兩稅制結束了歷史上田賦制度之上半段，而以後也就祇能沿著這個制度稍事修改，繼續運用下去。這雖不能說是歷史上之必然趨勢，然而也實在有種種條件在引誘，在逼迫，而始形成此一大變動。中國歷史上的經濟與文化基礎，一向安放在農村，並不安放在都市。先秦時代的封建貴族，唐以前的大家門第，到中唐以後逐漸又在變。變到既沒有封建，又沒有門第，而城市工商資本，在中國歷史傳統上，又始終不使它成為主要的文化命脈。一輩士大夫智識分子，還可退到農村做一小地主，而農村文化，也因此小數量的經濟集中而獲得其營養。若使中唐以後的社會，果仍厲行按丁授田的制度，那將逼使智識分子不得不游離農村，則此下的中國文化也會急遽變形。這一點，也足說明何以中唐以下之兩稅制度能一直推行到清末。

丁、漢唐經濟財政之比較

現在再把漢唐兩代的經濟財政政策兩兩相比，又見有恰恰相反之勢。漢代自武帝創行鹽鐵政策，這是節制資本，不讓民間有過富，而在經濟之上層加以一種限制。其下層貧窮的，政府卻並未注意到。縱說漢代田租是很輕的，但農民並未得到好處，窮人還是很多，甚至於逼得出賣為奴。

政府的輕徭薄賦，祇為中間地主階層占了便宜。唐代的經濟政策，其主要用意，在不讓民間有窮人。租庸調制的最要精神，不僅在於輕徭薄賦，尤其是側重在為民制產。至於上層富的，政府並不管。在開始，商業儘自由，不收稅。而每一窮人，政府都設法授田，使其可以享受水準以上的生活。簡單說：好像漢代是在社會上層節制資本，而下層則沒有力量管；唐代注意社會下層，由國家來計劃分配，而讓上層的富民能自由發展。這一情形，似乎唐代人更要高明些。他可以許你過富，卻不讓你過窮。這更有些近似現代英美的自由經濟。漢代人似乎不大高明，他祇注意不讓你過富，而沒有法子防制一般勞苦下層民眾之陷入於過窮。不過這也僅是說漢唐兩代關於經濟政策之理想有不同，而亦僅限於初唐。待後租庸調制崩潰，改成兩稅制，茶鹽各項也都一一收稅，便和漢代差不多。

至於漢代之鹽鐵政策，起於武帝征伐匈奴，向外用兵，而唐代租庸調制之破壞，以及茶鹽諸稅之興起，也由於玄宗以下，先是向外開疆拓土，直到德宗時代，因向外用兵而引起軍人作亂，內戰頻起，總之是由兵禍而引起了經濟制度之變動，則漢唐並無二致。

四、唐代兵役制度

唐以前，中國兵役制度，遍及全民眾，可說是一種兵農合一制。依照現代人講法，這是一種社會經濟與國防武裝的緊密聯繫。唐代兵役制度改變了，可說是另一種的兵農合一制。我們不妨說：兵農合一可有兩種方式：一是漢代的方式，一是唐代的方式。漢代的兵農合一，是寓兵於農，亦即是全農皆兵，把國防武裝寄托於農民的生產集團，生產集團同時即是武裝集團。唐代的兵農合一，則是寓農於兵，在武裝集團裏寄托生產，不是在生產集團裏寄托武裝。所以祇能說是全兵皆農，而並非全農皆兵。把武裝集團同時變成生產集團，每個軍人都要他種田，卻並不是要每個種田人都當兵。這一制度，從北周蘇綽創始，唐代不過踵其成規。從歷史上講來，唐制似乎又要比漢制好一些。因為中國國家大，戶口多，不需要全農皆兵。全農皆兵，反而變成有名無實，訓練不精。祇要全兵皆農，不使軍人坐食餉糧，安逸無事，就夠了。這種全兵皆農制，在當時稱之為府兵。

為何叫府兵呢？上面講過，當時的地方政府分兩級，下一級是縣，上一級是州，這都是管地方行政的。府兵之府，是在地方行政區域州縣之外的另一種軍事區域的名稱。府是指的軍隊屯紮地。譬如在臺北市，臺北縣這一地區裏，另劃一個軍事區域，這區域就稱為府。唐代都稱之為折衝府。折衝府共分三等，上府一千二百人，中府一千人，下府八百人。這些軍人又是怎樣來歷呢？當時戶口本分九等，這都是根據各家財富產業而定。我們祇由此一節，也便想見當時的政治規模，還是值得我們注意的。你想在一千多年前，全國戶口就調查得很清楚，而且還要根據各家經濟情況分成九個等第，那是何等細密的用意？據當時法令，下三等民戶，是沒有當兵資格的，祇在上等中等之中，自己願意當兵的，由政府挑選出來，給他正式當兵。當兵人家的租庸調都豁免了。這是國家對他們的優待。此外則更無餉給，一切隨身武裝，也須軍人自辦。這樣的人家集合上一千二百家，便成一個府，府就等於現在的軍區，若果某地是軍事要地，便在那地方設立一個府。募招上中等人家壯丁籍為府兵。

這種府的數目，有時多，有時少。大概唐代全國共有六百個府到八百個。若假定這八百個府都是中府的話，那唐代全國便有八十萬軍隊，大概最少也有四十萬。而這四十萬乃至八十萬的軍隊，並不要國家一文錢，一粒米來給養，因為他們自己有田有地。他們一面保衛國家，一面還自力生產。這八百個府的三分之一（將近三百個），分配在中央政府附近，即唐代人之所謂關內，即陝西函谷關以西長安四圍之附近地區。其餘三分之二，四百到六百個府，便分佈在全國，而山西和其他邊疆又比較多一些。其他地區又少一些，有一州祇有一府的，或一州並無一府的。府兵也是到了二十歲才開始服役，每個府兵須到中央首都宿衛一年。此外都在本府，耕田為生，而於農隙操演。當宿衛的，叫做上番，番是更番之意，上番則正如漢人所謂踐更。祇漢人踐更，是在地方服役，唐人上番，則向中央服役而已。府地距離中央五百里的，宿衛一次得五番，一千里的七番，一千五百里者八番，二千里十番，二千里以外十二番。照番數計算，五百里者往返兩次，適抵二千里者往返一次。一千五百里者往返三次，適抵二千里以外者往返兩次。計番數，可以輪番到中央，上宿平均勞逸。若遇國家有事，則全國各府均可抽調，並不與宿衛番數相干。這是說的兵隊。

至於軍官呢？在中央直轄有十六個衛，每個衛，都有一個名稱，各衛都設有大將軍。有事打仗，就由大將軍統領出征。逮戰事結束，兵歸於府，將歸於衛。軍隊回到本鄉，在他府裏有一個折衝都尉，是主平時訓練的。所以唐代養兵，既不花一文錢，不費一粒米，而養將，也不使預問政事。除卻戰事外，也並不統帶軍隊。武官立功，以勳名獎勵。文官分品級，武官分勳階。故武官又稱勳官，勳官有爵號而無實職。立功以後，最高的在朝作大將軍，多數還是回家種田。然而他獲有勳爵，國家社會對他自有某種優待。有時是經濟的，有時是名譽的。〈木蘭詞〉所謂策勳十二轉，勳位也是一級一級升上的，這不是升官，而是升勳。武官有勳無職，因此並不干預政治，而自有其尊榮。唐代就根據這個府兵制度來統制全國，同時向外發展，變成當時全世界第一個強大的國家。

但後來府兵制度也失敗了，怎樣失敗的呢？這也不是當時人不要此制度，而實由於人事之逐步頹廢，而終致於不可收拾。

第一，各地府兵都要到政府輪值宿衛，這些當宿衛的府兵，論其家庭經濟，都是很殷實的，平素的生活也都過得好，這因窮苦家庭的子弟根本不准當兵的。在唐太宗時，這種士兵到中央宿衛，皇帝自己也時同他們在宮廷習射。政府看得起他們，他們也就自覺光榮。後來天下太平，每常幾萬人輪番到中央，沒有事情做。皇帝當然也不再注意到他們了，於是今天某大臣要蓋花園，明天某親貴要造宅第，都向軍隊商量，借多少人手去幫忙。士兵變成了苦工，受人賤視。下次遇到上番值宿，便多逃亡規避。

第二，在唐初，府兵出外打仗陣亡，軍隊立刻把名冊呈報中央，中央政府也馬上會下命令給地方，立刻由地方政府派人到死難士兵家裏去慰問，送他勳爵，給他賞恤。陣亡軍人的棺木還沒運回，而政府一應撫恤褒獎工作都已辦妥了。這等事關係極大，尤其在軍隊的精神上，有說不盡的鼓勵。我們看現代西方國家，也在這樣做。但中國唐代，早就這樣做了。到後來，軍隊和政府，還是犯了一個鬆懈病，疏慢病。軍隊士卒死亡，不一定即速呈報到中央，中央又不一定分頭轉到地方政府，地方政府又不一定特為此事專派人去辦撫恤慰問。那士兵的陣亡死訊，私下已經傳到他家裏，戰事也結束了，軍隊也復員了，但死者家屬，還不見政府派來人。死的似乎白死了，人心便這樣地漸漸失去了。

此外已經有了相當勳位的軍人，正因為勳位僅僅是一種榮譽，並不與實職官員一般，換言之，他還是一個兵。而於是政府要員，有時還要派他去服力役，給差喚。因此勳位在身，不為榮而轉為辱。儻使別人稱呼你勳位如中尉、上校之類，已不是一種尊敬，而成了一種譏諷了。武官的勳名被人看不起，軍人的地位也就墮落了。後來愈趨愈壞，政府刻意開邊，開邊需要防戍邊疆的軍隊。本來府兵打完仗就復員，現在變成沒有復員了，要你長期戍邊。最初去戍邊的，還可交替輪番，後來後方不上緊，第二批新的不送出去，第一批舊的要想復員也復不成。於是兩年三年地繼續，而這些兵本都是殷實之家的子弟，他們的衣服、馬匹、兵器，都是自己置備製造隨身攜帶去的。因為他們田地不要租，又不要向國家當差服役，所以有力量自備武裝，長短肥瘦當然稱身，刀槍輕重，也能配合他的體力，馬的性格也懂得，他的生命要靠這些的，前途立功，也要靠這些，所以一切衣甲、兵器、馬匹都很好，很講究，很精良，這也是府兵之不可及處。而且那些府兵，仍恐國家薪餉不夠用，隨身還要帶點零用錢。唐代用絹作幣，大家攜帶絹匹，到了邊疆，邊疆的營官說：你們的絹匹該交給我，存放在儲藏室，待需要用時再領取。於是故意叫士兵們做苦工，一天做八點鐘的，要他們做十點鐘，吃睡都不好，處處折磨他，希望他死了，可以把他存放的財物沒收。這許多事，正史所不載，要在許多零碎文件中，才可看出。然而正因為這許多事，唐代的府兵制度就垮了臺。即如杜工部詩：「一從十五北防河，便至四十西營田，去時里正與裹頭，歸來頭白還戍邊。」這就是說軍隊沒有復員，沒有休息了。於是府兵怕到邊疆，在本府先自逃亡。出外不返的，也都家破田荒，沒有後代了。

後方兵源枯竭，政府有錢有勢，不在乎，臨時買外國人當兵。邊疆上逐漸都變成外國兵。安祿山、史思明，看他們名字是中國式的，而且是中國邊疆大吏，寄付與國防重任的，實際上就都是外國人。打平安史之亂的李光弼，與郭子儀齊名，其實李光弼也就是外國人。這是唐代一個特殊現象。這因唐代武功太大，四圍都成中國的下屬，唐太宗已被稱為天可汗，這如稱皇帝的皇帝，唐代實在太富太強了，他們忽忘了民族界線，他們不懂害怕外國人，不懂提防外國人，大量使用外國人當兵作將，結果才弄得不可收拾。於是唐代的府兵一變而成為藩鎮，軍閥割據，胡族臨制。那真是驚天動地的大變遷，那何嘗僅僅是一種政治制度的變動呢？所以我們要研究政治制度，也該放大眼光，不要單就制度來看制度才得呀！

五、唐代制度綜述

現在再略一綜述唐代的制度。

論中央政府之組織，結束了上半段歷史上的三公九卿制，而開創了下半段的尚書六部制。

論選賢與能，結束了上半段的鄉舉里選制，而開創了下半段的科舉考試制。

論租稅制度，結束了上半段的田租力役土貢分項徵收制，而開創了下半段的單一稅收制。

論到軍隊，結束了上半段的普及兵役制，而開創了下半段的自由兵役制。

綜此幾點，我們可以說：唐代是中國歷史上在政治制度方面的一個最大的轉捩中樞。唐以後中國的歷史演變是好是壞，那是另外一回事，但羅馬帝國亡了，以後就再沒有羅馬。唐室覆亡以後，依然有中國，有宋有明有現代，還是如唐代般，一樣是中國。這是中國歷史最有價值最堪研尋的一個大題目。這也便是唐代之偉大遠超過羅馬的所在，更是它遠超過世界其他一切以往的偉大國家之所在。但專就中國史論，漢以後有唐，唐以後卻再也沒有像漢唐那樣有聲色，那樣值得我們崇重欣羨的朝代或時期了，那也是值得我們警惕注意的。

第三講

宋代

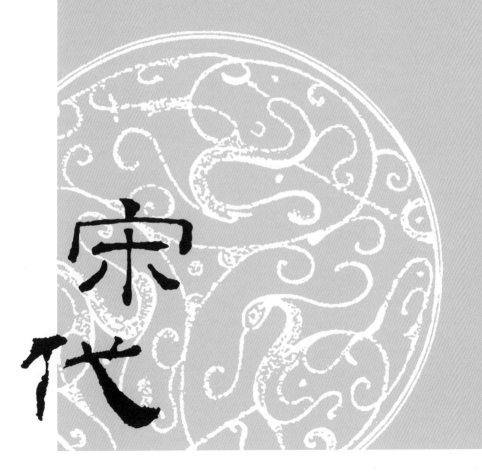

一、宋代政府組織

甲、宋代中央政府

在我們要講的漢、唐、宋、明、清五個朝代裏，宋是最貧最弱的一環。專從政治制度上看來，也是最沒有建樹的一環。此刻先講宋代的中央政府，還是從相權講起。論中國政治制度，秦漢是一個大變動。唐之於漢，也是一大變動。但宋之於唐，卻不能說有什麼大變動。一切因循承襲。有變動的，祇是迫於時代，迫於外面一切形勢，改頭換面，添注塗改地在變。縱說它有變動，卻不能說它有建立。宋之於唐，祇好說像東漢之於西漢，有事而無政。有形勢推遷，而無制度建立。

乙、相權之分割

宋代的相權，較唐代低落得多。宋代也有三省，實際上祇有中書省在皇宮裏，門下尚書兩省都移在皇宮外面了，故亦祇有中書省單獨取旨，稱政事堂。又和樞密院同稱兩府。樞密院是管軍事的，本是晚唐五代傳下的一個新機構，宋人不能糾正，把它沿襲下來，成為一重要官職。中書則為丞相，地位獨重。門下、尚書兩省長官不再預聞政府之最高命令。然中書和樞密對立，也就是宰相管不著軍事。

再論財政：宋代財政，掌握在三個司，司本是唐代尚書六部下面的官名。但唐代自安史亂後，往往因財政困難，而甚至有宰相自兼司職的。宋代又因其弊而不能革，卻變成政府財權專落在司的手裏。所謂三司，第一是戶部司，第二是鹽鐵司，第三是度支司，度支即是管經濟出納的。在唐代，由宰相親自兼領尚書的一個司，如鹽鐵、度支之類，為對財政問題直捷處理方便起見，此雖不可為訓，究竟是由宰相來親握財政大權，還可說得去。而宋代，則此三個司的地位提高了，獨立起來掌握著全國的財政，這是極不合理的。所以王荊公為神宗相，想要變法推行新政，第一措施，便是設立制置三司條例司，把戶部、鹽鐵、度支三個衙門，重新組織起來，統一到那個新衙門（即制置三司條例司）裏。這一措施，在荊公是想把財政大權重新掌握到宰相手裏，正如唐代之由宰相來兼領司職。司馬溫公對此極表反對，他說，財政該由三司管，三司失職，可以換人，不該讓兩府侵其事。這裏卻見到荊公溫公對當時制度上之一種歧見。荊公之意，是想把財政大權仍隸屬於宰相，這屬制度問題、非人事問題，與當時三司長官之稱職不稱職不相干。荊公是要重新釐定三司權限，要把當時所謂中書治民、樞密主兵、三司理財的軍民財政之職權三分、重新綰合。溫公則主一仍舊貫，祇著眼在人事上，並非著眼在制度上。若就制度論，則軍民財職權三分，到底是不合理想的。

再次說到用人：向來政府用人，本該隸屬宰相職權之下。什麼人該用，什麼官該升，這是宰相下面尚書吏部的事，宋代卻又另設一個考課院。考課就等於銓敘，後來改名審官院。又把審官院分東西兩院，東院主文選，西院主武選。又別置三班院，來銓衡一輩內廷供奉及殿直官。如此則用人之權，全不在宰相。這是宋初皇室在一種自卑感的私心下，蓄意要減奪中書宰相職權而添設的。如是則不僅宰相和唐制不同，就是尚書成為行政總機關的制度，也都破壞了。

丙、君權之侵攬

以上指述宋代軍事、財政、用人三權都有掣附，都分割了，這顯見是相權之低落。相權低落之反面，即是君權提升。即以朝儀言，唐代群臣朝見，宰相得有坐位，並賜茶。古所謂「三公坐而論道」，唐制還是如此。迨到宋代，宰相上朝，也一同站著不坐。這一類的轉變，說來甚可慨惜。但歷史演變，其間也不能盡歸罪於一切是黑暗勢力之作祟，或某某一二人之私心故意作造出。宋太祖在後周時，原是一個殿前都檢點，恰似一個皇帝的侍衛長。他因緣機會，一夜之間就做了皇帝，而且像他這樣黃袍加身做皇帝的，宋太祖也並不是第一個，到他已經是第四個了。幾十年中間，軍隊要誰做皇帝，誰就得做。趙匡胤昨天還是一殿前都檢點，今天是皇帝了，那是五代亂世最黑暗的表記。若把當時皇帝來比宰相，宰相卻有做上一二十年的。相形之下，皇帝反而不像樣。試看五代時，有那幾個皇帝獲得像馮道般的客觀地位與受人尊崇呢？然而皇帝到底該是一皇帝，他是一國之元首，皇帝太不像樣了，其他一切官，會連帶不像樣。現在要撥亂返治，尊王是首先第一步。而且皇帝的體統尊嚴不如宰相，也易啟皇帝與宰相之間的猜嫌。據說當時宰相為了避嫌起見，為了表示忠誠擁戴新皇帝起見，所以過自謙抑，遜讓不坐，這樣才把政府尊嚴皇帝尊嚴漸漸提起，漸漸恢復了。就事論事，這也該有可原。固然這也是當時大臣不知大體，又兼之以一種心理上的自卑感，纔至於如此。若使在唐代，由門第傳統出頭的人來處此局面，他們決不會如此幹。又像西漢初年一輩樸訥無文來自田間的人，也不會如此。那是晚唐五代進士輕薄傳下的一輩小家樣的讀書人，纔如此做。但他們當時的用心，終還是可原諒的。不過事情隔久了，這事情演變之本原意義忘失了，後人便祇見得皇帝之尊嚴與宰相之卑微了。

其次講到皇帝詔書，此乃政府最高命令。在唐代歸宰相中書省擬定，此種擬稿叫做熟擬，亦稱熟狀擬定。熟狀擬定是詳擬定稿的意思。中書熟擬送呈皇帝，皇帝祇親覽了在紙尾批幾句，用皇帝御印可其奏，此謂之印畫。經此手續後，便可降出奉行。此項手續，其實是宰相出旨，祇求皇帝表示同意就算。用現代話說，皇帝在政府所下的一切最高命令有他的同意權。到宋初，宰相為避嫌，為推尊皇帝，為使皇帝的威望地位抬高，遇政府定旨出命，先寫一劄子，這是一種意見的節要，對於某事提出幾項意見，擬成幾條辦法，送由皇帝決定，所謂「面取進止」。然後宰相再照皇帝意見正式擬旨。所以宰相面取進止的詔文，僅是一種草案或條陳，而不再是定旨出命的定稿，這與唐代宰相之熟擬相差就很大。宋代的最高政令之最後決定權在皇帝，而不在宰相，至少皇帝就不僅有同意權，而有參加意見之權了。宰相不過是奉命行事，所以君權就重，相權就輕了。再說，政府的一切重要指示，本來也並不全要由皇帝詔勅行之的。在唐代，政事堂號令四方，其所下書曰堂帖，宋初還有此制，當時並謂堂帖勢力重於勅命。但後來便有詔禁止，中書不得下堂帖，於是改用劄子指揮。其實劄子也還如堂帖。後來有一地方官，不服中書處分，把原劄封奏，太宗大怒，令公事須降勅處分，即用劄子，亦當奏裁。這不是宋代一切政令之決定權便全歸了皇帝嗎？但這一制度，到神宗時，還是廢了，仍許用劄子。據此諸點，可證宋代宰相之失職。

然而我們也不能因此便聯想到像我們現代所說的中國傳統政治祇是獨裁與專制。宋初有一件故事，宋太祖時，遇某官出缺，他叫宰相趙普擬名。趙普擬後交給太祖，恰好這人是太祖平時最討厭的，他憤然說：「這人怎好用！」就把這名紙撕了，擲在地。趙普不作聲，把地上廢紙撿起來藏了。過一兩天，太祖又要趙普擬，趙普早把前日撿起的破紙用漿糊黏貼了攜帶身邊，即又把這紙送上。太祖詫問：「如何還是此人。」趙普答道，據某意見，暫時更無別人合適。太祖也悟了，點頭說：「既如此，便照你意見用吧！」

我們講到這一故事，還可想像趙普到底還有一些宰相大臣傳統的風度。但實際上，趙普並不是一個道地讀書人，祇因宋太祖信賴他，同時也並無其他像樣人物，他才做了宰相。在他做了宰相以後，太祖還時時告誡他，說你做了宰相，該抽空讀書，所以他才讀《論語》。後來人卻說趙普以半部《論語》治天下，大概他讀《論語》，也沒有好好仔細讀。然而趙普確已是宋代開國一好宰相，即就前講故事便可見。這並不是趙普個人如何般傑出，這祇是一個傳統的歷史習慣該如此，當如此，而趙普也如此了。那時相權雖低，我們仍該根據歷史事實，不能單憑自己想像，罵中國傳統政治全是帝王專制與獨裁。而且宋王室家訓相傳，要儘量優假士人，不許開誅戮朝官之戒。而北宋諸帝，也比較無暴虐，無專擅。宋代制度之缺點，在散，在弱，不在專與暴。直到南宋寧宗時，已快亡國，皇帝時時下手條，當時稱為御札，還激起朝臣憤慨，說事不出中書，是為亂政。可見宋代相權，還有它傳統客觀的地位。我們此刻祇根據歷史來說宋不如唐，所謂宋代宰相失職，一切仍是制度問題。並不是祇有皇帝專制，更不要制度。

丁、諫垣與政府之水火

現在再講到宋代的監察官。

其先在漢代，監察權由副宰相御史大夫來行使。當時御史大夫的監察範圍，外面是中央地方內外百官，內面是王室和宮廷，全屬御史大夫監察權所及。御史中丞是一個副御史大夫，這是專門監察王室和宮廷的，也可說是監察皇帝的。另一御史丞，則監察政府，不論中央地方都在內。故就職權分配言，御史大夫是宰相的耳目或副手。宰相發命令，副宰相則幫他監察。那時宮廷和朝廷，既是一體受宰相之節制，自然監察權也要內及宮廷了。後來御史退出皇宮，單獨成為御史臺，其職權便祇限於監察政府，而沒有監察皇帝和宮廷的權。但政府官職中，還是有監察皇帝的，這叫做諫官。

諫官也遠自漢代便有，如諫議大夫之屬，在漢屬光祿勳。就其官職名義，便是專叫他追隨皇帝，在皇帝近旁，專來諫諍和諷議皇帝的言行。光祿勳乃九卿之一，隸屬於宰相，則諫議大夫當然是宰相的下屬。及到唐代，此種諫官，都屬於門下省，和前面講過掌封駁的給事中同屬一機關，如諫議大夫、拾遺、補闕之類都是。大詩人杜甫就做過拾遺。這些官，階位並不高，亦無大權，但很受政府尊重。大抵是挑選年青後進，有學問，有氣節，而政治資歷並不深的人充任。他們官雖小，卻可向皇帝講話。「拾遺」如東西掉了重新撿起，這是指皇帝遺忘了什麼，他可以提醒他。「補闕」是指皇帝有了什麼過失、要替他彌補。此外還有司諫、正言等，總之正名定義，他們都是專向皇帝諫諍過失的。

唐制，皇帝朝見文武百官後，通常沒有特殊事情，很快就散朝。散朝後，皇帝另和宰相從容討論，這時候旁人不得參加，而門下省的諫官們獨在例外，他們常得隨從宰相參加列席。這因宰相有時有不便同皇帝直接講的話，卻可讓這些小官口裏講。皇帝若生氣，也無法直接對宰相。他們講的對，固然好，講錯了，也無妨大體。因為他們的名義就是諫官，本來要他們開口講話。他們人微言輕，階位不高，講差話也自可原。所謂言者無罪，聽者足戒。有他們隨從在宰相身旁，宰相可免同皇帝直接衝突，而宰相要講的話，卻由他們口裏講了，這是政治上的一種技術問題。這些技術，當然也由於一種理想之需要而生。所謂理想需要者，便是君權相權間之調節。這一關係如左：

皇帝用宰相，宰相用諫官，諫官的職責是專門諫諍皇帝的過失。這和御史大夫不同。御史大夫是

監察政府百官的，諫官不監察政府，他祇糾繩皇帝。如是，若把諫官也看作是監察官，則中國歷史上之監察官，應分臺、諫兩種。臺是指的御史臺。唐代的臺官，雖說是天子的耳目，而唐代的諫官，則是宰相的唇舌。御史監察權在唐代已離相權而獨立，但諫諍權則仍在宰相之手。

這一制度，到宋代又變了。諫官本隸屬於門下省，而宋代則諫垣獨立，並無長官。換言之，這些諫官，現在是不直接屬於宰相了。而且宋制，諫官不准由宰相任用，於是臺官諫官同為須由皇帝親擢了。本來諫官之設，用意在糾繩天子，並不是用來糾繩宰相。對皇帝纔稱諫。而且諫官也明明是宰相的屬官。現在諫官脫離了門下省，就變成了禿頭的，獨立的，不隸屬於宰相了。而又是由皇帝所親擢，不得用宰相所薦舉，於是諫官遂轉成並不為糾繩天子，反來糾繩宰相。於是諫垣遂形成與政府對立之形勢。諫官本是以言為職，無論什麼事什麼地方他都可以講話，不講話就是不盡職，講錯話轉是不要緊。而且這些諫官階位低，權柄小，祇是些清望之官。本來就挑選年輕有學問有名望有識見有膽量能開口的才任為諫官。他們講話講錯了，當然要免職，可是免了職，聲望反更高，反而更有升遷的機會。所以宰相說東，他們便說西，宰相說西，他們又說東。總是不附和，總愛對政府表示異見。否則怎叫諫官，怎算盡職呢？這一來，卻替政府設立了一個祇發空論不負實責的反對機關。他們儘愛發表反對政府的言論，而且漫無統紀，祇要是諫官，人人可以單獨發表意見。政府卻不能老不理他們的意見。這一風氣，是從宋代始，這也算是清議。

清議總是政府的對頭，清議固然未必全不好，但政府總是有掣肘。諫官臺官漸漸變成不分。臺官監察的對象是政府，諫官諍議的對象還是政府，而把皇帝放在一旁，變成沒人管。做宰相的既要對付皇帝，又要對付臺諫，又如何得施展？

但上面所述，多半還是些人事，而非屬於制度。若論制度，宋代大體都沿襲著唐舊。祇因宋初太祖太宗不知大體，立意把相權拿歸自己，換言之，這是小兵不放心大臣，這也罷了。他們種種措施，自始就不斷有人反對。但因宋初承襲五代積弊，社會讀書人少，學術中衰，反對的也祇曉得唐制不如此而已，並未能通攬大局，來為有宋一代定制創法。後來皇帝讀了書，懂得歷史，懂得政治，社會讀書人多了，學術中興，直到仁、英、神三朝，纔想把以前祖宗積弊，加以改革，但積勢已成，急切反不過來。范仲淹失敗在前，王安石失敗在後。宋神宗一意信任王安石，要他來變法，然而諫官與宰相互相對壘，互相水火。而當時的諫官，又不像現代西方的所謂反對黨。諫官是分散的，孤立的。他們的立場，好像是專在主持公議，並非為反對政府。在道義的立場上，比近代西方的反對黨更有力。宰相不聽他們的話，他們就求去，去了名更大。另一人上來，還是依照前一人的主張，繼續反對。政府又不能不要這些官。這一制度，這一風氣，實在是難對付，結果便祇有宰相求去。王荊公新政失敗，諫垣的不合作，自然是一原因。皇帝儘管信任宰相，也無法扭轉這局面。連皇帝加上宰相，依然無辦法，這是宋代制度特有的弱症。直要到後來，諫官鋒鋩大兇了，鬧得太意氣，太無聊了，社會乃及政府中人，都討厭諫垣，不加重視，不予理會，於是諫官失勢，然而權相奸臣又從此出頭了。無制度的政府，那能有好施為，那能有好結果？

戊、宋代地方政府

宋代制度，一面是相權衰落，另一面則是中央集權。講到中國的地方行政，祇能說是漢代好，唐代比較還好，宋代就太差了。

宋代地方政府分三級。最高一級稱路。相當於唐代之道。中一級是府、州、軍、監，相當於唐代之州府。最低一級仍是縣。最先分十五路，後來分成二十多路。自五代以來，地方行政長官全屬軍人。宋太祖杯酒釋兵權，把各將官的兵權削了，武臣不再帶兵，自然也不准再管地方民政。這些勳臣武官，也在長期混亂中厭倦了，覺悟了，不再爭持。他們僅擁一官號，中央替他們在首都供給了大的宅第，豐厚的俸祿，叫他們安住下來。比如你是江蘇督軍，中央還是保留你江蘇督軍的名銜，但請你在中央住著。江蘇省的事，另外派人去，派去的則是一位文臣了。這就叫知某州事，知某府事。這些知州知府，本身另有官銜，都是中央官，帶著一個知某州某府事的臨時差遣。他的本職還是一中央官，而暫去管某州某府的事。嚴格說來，這些還是人事，非制度。但直到清代，知縣知府卻變成正式官名了，這實在是不合理的。若正名定義來講，則宋代根本無地方官，祇暫時派中央官員來兼管地方事，那在制度上豈不更不合理嗎？

在唐代，各道首長是觀察使，照名義，觀察使是由御史臺派出去考察地方行政的，也並不是正式的地方行政長官。可是後來漸漸變成地方首長了。這在唐代已講過。到宋代又變了。這些官，在宋代又稱監司官，每一路共有四個監司官，普通稱為帥、漕、憲、倉：

「帥」是安撫使，掌一路兵工民事，領軍旅禁令，賞罰肅清。

「漕」是轉運使，掌財賦，領登耗上供，經費儲積。

「憲」是提刑按察使，掌司法，領獄訟曲直，囚徒詳覆。

「倉」是提舉常平使，掌救恤，領常平義倉，水利斂散。

這四個就等於都不是地方長官，而是中央派到地方來監臨指揮地方的。在唐代的州縣，祇要奉承一個上司，即觀察使，而宋代則要奉承四個上司，即帥、漕、憲、倉，那可想地方官之難做了。

此四司中，以漕使，即轉運使為最重要。地方財政，都在他手，他須把地方全部財富轉運到中央去。在唐代，地方收入，一部分解中央，另一部分保留在地方。宋代則全部解中央，地方更無存儲。平常就很艱苦，臨時地方有事，更是不可想像。所謂宋代的中央集權，是軍權集中，財權集中，而地方則日趨貧弱。至於用人集中，則在唐代早已實行了。惟其地方貧弱，所以金兵內侵，祇中央首都（汴京）一失，全國瓦解，更難抵抗。唐代安史之亂，其軍力並不比金人弱，唐兩京俱失，可是州郡財富厚，每一城池，都存有幾年的米，軍裝武器都有儲積，所以到處可以各自為戰，還是有辦法。宋代則把財富兵力都集中到中央，不留一點在地方上，所以中央一失敗，全國土崩瓦解，再也沒辦法。

二、宋代考試制度

宋代考試制度，大體也沿襲唐代，細節雖有出入，我們可以略去不講。但宋代科舉所獲影響，卻與唐代不同。第一是唐代門第勢力正盛，在那時推行考試，應考的還是有許多是門第子弟。門第子弟在家庭中有家教薰染，並亦早懂得許多政治掌故，一旦從政，比較有辦法。如是積漸到晚唐，大門第逐步墮落，應考的多數是寒窗苦讀的窮書生。他們除卻留心應考的科目，專心在文選詩賦，或是經籍記誦外，國家並未對他們有所謂教育。門第家訓也沒有了，政治傳統更是茫然無知。於是進士輕薄，成為晚唐一句流行語。因循而至宋代，除卻呂家、韓家少數幾個家庭外，門第傳統全消失了。農村子弟，白屋書生，偏遠的考童，驟然中式，進入仕途，對實際政治自不免生疏扞格，至於私人學養，也一切談不上。

其次，唐代考試，有公卷通榜之制。所謂公卷，是由考生把平日詩文成績，到中央時，遍送政府中能文章有學問的先進大僚閱看。此輩先進，看了考生平日作品，先為之揄揚品第，在未考以前，早已有許多知名之士，獲得了客觀的地位。通榜是考後出榜，即據社會及政府先輩輿論，來拔取知名之士，卻不專憑考試之一日短長。甚至主考官謙遜，因其不了解這一次考場中的學術公評，不自定榜，而倩人代定榜次，並有倩及應考人代定，而應考人又自定為榜首狀元的。但此等事在當時反成嘉話，不算舞弊。本來考試是為國家選拔真才，明白得此項制度之主要精神與本原意義，又何必在細節上一一計較？但有些人便要藉此制度之寬大處作弊，於是政府不免為要防弊而把制度嚴密化。這是一切制度皆然的。但制度逐步嚴密化，有時反而失卻本義，而專在防弊上著想。宋代考試制度，是遠比唐代嚴格了，那時則有糊名之制，所憑則真是考試成績。其實考試成績，衹是一日之短長，故有主考官存心要錄取他平日最得意的門生從學，而因是糊名，尋覓不出該人之卷，而該人終於落第的。如是則考試防制嚴了，有時反得不到真才。

又唐代考試在禮部，分發任用在吏部。禮部及第，未必即獲任用，因而仍多經各衙門長官辟署，在幕府作僚吏，而藉此對政事卻先有了一番實習。宋代則因經歷五代長期黑暗，人不悅學，朝廷刻意獎勵文學，重視科舉，衹要及第即得美仕，因此反而沒有如唐代般還能保留得兩漢以來一些切實歷練之遺風美意。這些都是宋代考試制度之缺點。

總之考試制度在宋代是更重要了，更嚴密了，但並非更有真效。但因政府積年提倡，社會學術空氣又復活了。於是有許多人出來想把此制度改革。

第一是想把學校教育來代替考試，這是最關重要的。考試祇能選拔人才，卻未能培養人才。在兩漢有太學，在唐代有門第，這些都是培養人才的。社會培養出人才，政府考試始有選擇。宋人頗想積極興辦教育，這是不錯的。但此非咄嗟可望。

第二是想把考試內容改變，不考詩賦，改考經義。這一層用意亦甚是。人人學詩賦，風花雪月，用此標準來為政府物色人才，終不是妥當辦法。但改革後卻所得不償所失，考經義反而不如考詩賦。王荊公因此嘆息，說本欲變學究為秀才，不料轉變秀才為學究。這裏面利弊得失之所以然，此刻不擬詳說了。

由於上述，可見每一制度也必待其他情況之配合。若其他情況變了，此項制度之功效及性能亦將隨之而變。惟無論如何，考試制度，是中國政治制度中一項比較重要的制度，又且由唐迄清緜歷了一千年以上的長時期。中間遞有改革，遞有演變，積聚了不知多少人的聰明智力，在歷史進程中逐步發展，這決不是偶然的。直到晚清，西方人還知採用此制度來彌縫他們政黨選舉制之偏陷，而我們卻對以往考試制度在歷史上有過千年以上根柢的，一口氣吐棄了，不再重視，抑且不再留絲毫顧惜之餘地。那真是一件可詫怪的事。幸而孫中山先生，重新還把此制度提出，列為五權之一，真如寶器拋擲泥土，重新撿起。但我們對此制度在歷史上千年來之長期演變，依然多不加意研究。好像中國歷史上的考試制度，依然還祇是我們獨有的黑暗專制政治下面的一種愚民政策。今天再來推行考試制，是另外一會事，總像不願與歷史傳統下的考試制度發生關係般。這實在是我們的一種成見，非真理。惜乎我們這一番講演，對此制度也不能再單獨地詳說了。

三、宋代賦稅制度

宋代賦稅制度，大體也是由唐代兩稅制沿下，我們不再詳講。祇講一點較重要的。

本來兩稅制度，把一切賦稅項目，都歸併了，成為單一的兩稅。租庸調是三個項目分列的，對田地有租，對丁役有庸，對戶籍有調。讓我們眼前淺顯舉例，譬如臺灣省政府征入農田米穀這是租。要臺灣民眾義務服役，修機場道路水利工程之類這是庸。糖是臺灣土產，政府要臺灣一地貢獻多少糖，由民間攤派，按家分出，這是調。兩稅法則把這三項全併入了田租，因此田租額增高了。政府收取田租之後，如要修機場築道路，應由政府出錢自雇工役。如政府需要糖或其他物品，也應由政府出錢自買。政府向民間收稅，則全歸入一個項目下。這樣過了多少年以後，這辦法便出了毛病。晚唐時代軍事時起，軍隊到了一地方，依舊要民眾幫忙如修路之類，又要征發地方特產，如臺灣出糖，別處軍隊到臺灣來，便不想自己買糖，卻向民間要。他們認為這些是向來如此，他們卻忘了原來這些庸與調早已包括劃併在兩稅裏，把民間田租加重了，現在又要地方出勞役，出土貢，那豈不是民眾又增加了負擔嗎？這一種可有的流弊，在唐代改行兩稅制時，早有人說到，因當時單圖稅收便利，信不及，到後來卻逐步實現了。

更重要的還有一點。在漢代，中國本有地方自治組織，其首領稱三老，三老之下有嗇夫、游徼。三老是掌教化的，嗇夫主收田租，游徼管警察盜賊。他們都代表地方，協助政府。這一制度，到隋唐便沒有了，變成有名無實。到了五代時候，軍隊每到一地方，要地方出力役，出貢調，那些本來早不在國家規定的制度裏，於是臨時就得找地方領袖，向他們要房子，要稻草，要馬料，要用具，要壯丁，要給養。這明知道不好辦，但也得勉強辦。軍隊常川來往，這些地方領袖，就變成專是對上辦差。地方行政官卻感到有此一種人，又省事、又易督責，於是即使地方上沒有這樣人，也硬要舉出一個兩個來。軍隊像水一樣的流，到了某地就要派差，所以辦差的辦上三五年，家私就垮了。一個垮了，再找另一個。以後即使沒有軍隊需索，地方長官也依然沿著舊習，仍要地方照常辦差，這樣就變成地方又多了一筆負擔。而更壞的是使地方上沒有一個能興旺的家，興旺了，派差便輪到他。這是宋代之所謂差役法。宋代之差役，也如秦代之戍邊，都是由前面歷史沿襲下來，政府沒有仔細注意，而遂為社會之大害。王荊公變法，始訂出免役錢的辦法來。由政府規定，叫地方出錢，每家攤派，如此可免地方上私家為政府辦公差破產之苦。但這件事引起了很大的爭論，因為要民眾攤出免役錢，豈不又要增重民眾的負擔？但王荊公的主張，認為政府既不免要向地方需索，與其擇肥而噬，使一家一家排著次第破產，不如平均攤派，為害轉輕。以後司馬溫公做宰相，他對荊公新法，一切反對，因要恢復差役，其時荊公已退休在南京，聽得此消息，他說：「這件事還能反對嗎？」可見荊公對此制度之改革是確有自信的。蘇東坡原來也反對免役法，但後來對司馬溫公主張復役又反對了。溫公力主執行，東坡對他說：「從前我們反對王安石不許人有異議，為什麼你執政了，又不許別人有異議呢？」但溫公終於不聽，旁邊跑出來一個蔡京，他挺胸力保說我三個月可以把差役法辦成，結果終於給他辦成了。但是後來驅逐溫公舊黨重行新辦法時，即是這個蔡京。現在大家都知道蔡京是個壞人了，在當時連司馬溫公也認他是好人。我們專憑此一制度之變動與爭執，可見要評定一制度之是非得失利害分量，在當時是並不容易的。而人物之賢奸則更難辨。但蔡京害了溫公尚淺，他害了荊公卻深。因他後來主張新法，把宋朝弄壞了，後世遂連荊公都罵作小人，豈不是蔡京連累了王荊公遭受此不白之冤？但王荊公的免役法，則直到清代，直到今天，中國社會便一向不再有力役了。

然而正因為沒有役，人口就不要詳密計算。中國政府的戶口冊子，宋代有，明代有，清代開始有，後來逐漸沒有了。即便宋明兩代有，也不覺重要，因而不甚可靠了。王荊公的免役法，還得人人出錢免役，明代有一條鞭法，又把丁稅歸到田租裏，便不看重人丁了。到清代中葉以後，有地丁攤糧永不增賦之令，於是便不要丁冊了。然而這樣一來，變成祇有土地與政府發生了直接關係，人口與政府卻像沒有直接關係了。一個國民，祇要沒有田地，不應科舉考試，不犯政府法令，甚至他終身可以與國家不發生絲毫直接關係，這又豈是中國政治上歷來重看輕傜薄賦制的理想者所預期而衷心贊成的呢？

四、宋代兵役制度與國防弱點

宋代軍隊分兩種，一稱禁軍，一稱廂軍。宋代兵制算是中國歷史上最壞的兵制了，然而也有其因緣來歷，我們仍不能過分來責備宋人。

在唐末五代時，藩鎮驕橫，兵亂頻仍，當時社會幾乎大家都當兵，讀書人像要沒有了。開頭軍隊還像樣，以後都變成了老弱殘兵。軍隊不能上陣打仗，便把來像罪犯般當勞役用。其時凡當兵的，都要面上刺花字，稱為配軍，防他逃跑。如《水滸傳》裏的宋江、武松一類人，臉上刺了字，送到某地方軍營中當兵作苦工，人家罵他賊配軍，這事遠從五代起，直到宋朝，沒有能徹底改。這樣的軍隊，當然沒有用。其實這些軍隊，在漢是更役，在唐則是庸。而宋代之所謂役，在漢代卻是地方自治之代表。此種轉變，極不合理。祇因積重難返，宋太祖也祇能在這種軍隊中挑選一批精壯的，另外編隊，就叫禁軍。禁軍的挑選，身長體重都有規定，起先用一個活的兵樣，後來用木頭做成一人樣子，送到各地方各隊伍，合這標準的，就送中央當禁軍。因此禁軍比較像樣。不合這標準的，留在地方做廂軍。廂是城廂之義，廂軍是指駐在各地方城廂的。這些兵，並不要他們上陣打仗，祇在地方當雜差。地方政府有什麼力役，就叫他們做。

照理，宋代開國第一件該做的事，便是裁兵復員，而宋代卻祇照上面所說的這樣裁，至於復員則始終復不了。這也因宋代得天下，並未能真個統一了全國，他們的大敵遼國，已經先宋立國有了五十多年的歷史。所謂燕雲十六州，早被石敬瑭割贈遼人。當時察哈爾、熱河、遼寧乃及山西、河北的一部分疆土，都在遼人手裏。北方藩籬盡撤，而宋代又建都開封，開封是一片平地，豁露在黃河邊。太行山以東盡是個大平原，騎兵從北南下，三幾天就可到黃河邊。一渡黃河，即達開封城門下。所以宋代立國是沒有國防的。倘使能建都洛陽，敵人從北平下來，渡了河，由現在的隴海線向西，還須越過鄭州一帶所謂京索之山，勉強還有險可守。若從山西邊塞南下，五臺山雁門關是那裏的內險，可算得第二道國防線。要一氣衝到黃河邊，還不容易。所以都洛陽還比較好。若能恢復漢唐規模，更向西建都西安，那當然更好。但宋太祖為何不都洛陽西安，而偏要建都開封呢？這也有他的苦衷。因為當時國防線早經殘破，燕雲失地未復，他不得不養兵。養兵要糧食，而當時的軍糧，也已經要全靠長江流域給養。古代所謂大河中原地帶，早在唐末五代殘破不堪，經濟全賴南方支持。由揚州往北有一條運河，這不是元以後的運河，而是從揚州往北沿今隴海線西達開封的，這是隋煬帝以來的所謂通濟渠。米糧到了開封，若要再往洛陽運，那時汴渠已壞。若靠陸路運輸，更艱難，要浪費許多人力物力。宋代開國，承接五代一般長期混亂黑暗殘破的局面，沒有力量把軍糧再運洛陽去，長安一片荒涼，更不用提。為要節省一點糧運費用，所以遷就建都在開封。宋太祖當時也講過，將來國家太平，國都還是要西遷的。

在當時本有兩個國策，一是先打黃河北岸，把北漢及遼打平了，長江流域就可不打自下。這個政策是積極進取的，不過也很危險。假使打了敗仗，連退路都沒有。一個是先平長江流域，統一了南方，再打北方，這個政策比較持重穩健。宋太祖採了第二策，先平南方，卻留著艱難的事給後人做。所以宋太祖臨死，聽他母親話，傳位他弟弟趙匡義，這是宋太宗。太宗即位，曾兩次對遼親征，但都打了敗仗。一次是在今北平西直門外直去西山頤和園的那條高梁河邊上交戰，這一仗打敗，他自己中了箭，回來因創死了。在歷史上，這種事是隱諱不講的。只因宋代開國形勢如此，以後就不能裁兵，不能復員，而同時也不敢和遼國再打仗。因為要打就衹能勝，不能敗。敗了一退就到黃河邊，國本就動搖。

在這種情形下，宋代就變成養兵而不能打仗，明知不能打仗而又不得不養兵。更奇怪的，養了兵又不看重他們，卻來竭力提倡文治。這也未可厚非，宋代究因刻意提倡文治，纔把晚唐五代一段中國歷史的逆流扭轉過來了。在宋人衹想把這些兵隊來抵禦外患，一面提倡文治，重文輕武，好漸漸裁抑軍人跋扈，不再蹈唐末五代覆轍。因此上養兵而愈不得兵之用，以後就愈養愈多。《水滸傳》說林沖是八十三萬禁軍教頭，實際上太祖開國時祇有二十萬軍隊，太宗時有六十六萬，到仁宗時已經有了一百二十五萬。所以王荊公變法行新政，便要著手裁兵。裁兵的步驟，是想恢復古代民兵制度，來代替當時的傭兵。但民兵制度，急切未易推行到全國，遂有所謂保甲制，先在黃河流域一帶試行。保甲就是把農民就地訓練，希望臨時需要，可以編成軍隊，而又可免出錢養兵之費。

論到募兵制，本來也非全要不得。在某種地方某種情形下，募兵也很有用。但須有一確定的敵人做目標，而且非打不可，在幾年內，定要把敵人解決，在這種情形下，募兵可以刻意訓練，及鋒而試，或許比全國皆兵制還好些。東晉的北府兵便是募兵，也曾建了奇功。但宋代的國防精神是防禦性的，不敢主動攻擊，用意始終在防守。把募兵制度與長期的防守政策相配合，這卻差誤了。一個士兵募了來，輕易不脫行伍，直養到六十歲，還在軍隊裏，其間祇有二十歲到三十歲這十年可用。三十歲到六十歲這三十年，他已老了。而且在軍伍十年，精神也疲了。這樣的軍隊，有名無實，於是祇有再招新的。因此軍隊愈養愈多，紀律又不好。隊伍多了，雖不易捍禦外侮，卻很能引起內亂。宋人最怕唐末五代以來的驕兵悍卒，但宋代依然是兵驕卒悍。國家不能不給他們待遇，而且須時時加優，否則就要叛變。政府無奈何，加意崇獎文人，把文官地位提高，武官地位抑低。節度使閑著沒事做，困住在京城，每年冬天送幾百斤薪炭，如是種種，把他們養著就算。養了武的又要養文的，文官數目也就逐漸增多，待遇亦逐漸提高。弄得一方面是冗兵，一方面是冗吏，國家負擔一年重過一年，弱了轉貧，貧了更轉弱，宋代政府再也扭不轉這形勢來。

在宋太祖時，因防兵卒驕惰，又規定禁軍分番戍守之制。地方兵廂軍是擺著無用的，各邊防守，全須派中央禁軍去。但亦不讓其久戍，譬如今年戍河北的，隔一年調中央，又隔些時再調到山西。這又與漢唐戍兵退役不同。宋代是沒有退役的，不在邊防，即在中央，仍是在行伍中。如是則一番調防，在軍人祇感是一番勞動，因此又要多送他們錢。因此宋代雖連年不打仗，而經費上則等於年年動員，年年打仗。軍隊老是在路上跑，並且又把將官和軍隊分開了，軍隊一批批調防，將官還是在那裏不動。如是則兵不習將，將不習兵。這也是怕軍人擁兵自重，然而緩急之際，兵將不相習，也難運用。所以整個宋代，都是不得不用兵，而又看不起兵，如何叫武人立功？宋代武將最有名的如狄青，因其是行伍出身，所以得軍心，受一般兵卒之崇拜，但朝廷又提防他要做宋太祖第二，又要黃袍加身，於是立了大功也不重用，結果宋代成為一個因養兵而亡國的朝代。

然而宋代開國時，中國社會承襲唐末五代，已飽受軍人之禍了，所以宋代自開國起就知尚文輕武。宋太祖臨死有遺囑告訴他後人說：你們子孫相傳，絕對不能殺一個讀書人。他們牢守此家訓，都知尊重文臣士大夫。直到南宋，還是守著不殺士大夫的遺訓。豈止不殺，宋王室實在是懂得優獎文人的。因此過了百十年，能從唐末五代如此混亂黑暗的局面下，文化又慢慢的復興。後代所謂宋學——又稱理學，就是在宋興後百年內奠定基礎的。這一輩文人，都提倡尊王攘夷，明夷夏之分，又提倡歷史傳統，所以中國還能維持，開闢出自宋以下的下半部中國史，一直到現在。正因宋代人那樣尚文輕武，所以好鐵不打釘，好男不當兵的話頭，也就從那時傳下來。我們今天從歷史上平心評論，衹能說宋代人為了補救唐代人的毛病，而並沒有完全把毛病糾正過來，我們卻不能輕怪宋人。須知有許多毛病，還該怪唐代人。唐代窮兵黷武，到唐玄宗時，正像近代所謂的帝國主義，這是要不得的。我們衹能說羅馬人因為推行帝國主義而亡國，並且從此不再有羅馬。而中國在唐代窮兵黷武之後仍沒有垮臺，中國的歷史文化依然持續，這還是宋代人的功勞。我們不能因他太貧太弱，遂把這些艱苦一併抹殺。

再說到國防資源問題，這也是宋代一個最大的缺憾。中國的地理形勢，到了黃河流域，就是大平原。一出長城，更是大平原。所以在北方作戰，一定得要騎兵。而中國之對付北方塞外敵人，更非騎兵不可。而騎兵所需的馬匹，在中國祇有兩個地方出產。一在東北，一在西北。一是所謂薊北之野，即今熱察一帶。一是甘涼河套一帶。一定要高寒之地，才能養好馬。養馬又不能一匹一匹分散養，要在長山大谷，有美草，有甘泉，有曠地，才能成群養，才能為騎兵出塞長途追擊之用。而這兩個出馬地方，在宋初開國時，正好一個被遼拿去，一個被西夏拿去，都不在中國手裏。與馬相關聯的尚有鐵，精良的鐵礦，亦都在東北塞外，這也是宋代弱徵之一。王荊公行新法，一面想訓練保甲，一面又注意到養馬。但在中國內地養馬不方便，據當時人估計，養一匹馬所需的地，拿來種田，可以養活二十五個人，這是在農業社會裏要準備戰爭一大缺點。王荊公不得已，訂出保馬政策，讓民間到政府領馬養。把馬寄養在私家，一匹一匹分散養，平時民間可以利用領養之馬，遇到戰爭需要，再臨時集合。這種事，民間當然情願做，領一匹馬來，平時作牲口用，卻不曉得馬在溫濕地帶飼養不易，很容易生病死亡。但馬死了要賠錢，於是農民把養馬看做苦事。政府卻要挨派，於是保馬變成一粃政。其實這一方法，縱使推行有效，遇到戰事，一群羸弱之馬，也未必真有用。在這一制度上，也可告訴我們宋代國防上所遭遇的大難題。

再說當時長城內險，自居庸關到山海關一帶，都已在遼人手裏，遼人倘向南衝來，又怎樣辦呢？真宗時澶淵之盟，即由此形勢下逼成。自宋遼兩國講和以後，宋朝的國防形勢是很可憐的。兩國既不正式開戰，中國人也不好正式布置邊防。祇獎勵民間種水田，多開渠道，於渠旁多植榆楊。萬一打仗，可以做障礙，稍稍抵禦遼人之大隊騎兵。這可說是無法中的辦法。這真是極頂可憐的辦法。但這辦法縱可憐，遼人也懂得，還是時時不許中國開溝渠，種水田。又在冬令時，放隊四出小掠，把中國邊境農村燒殺破殘了，讓中國永久不能有沿邊的防禦線，他們可以隨時入侵，如是威脅著中國祇好保持和議。算祇有山西一面，太原向北，還有一道雁門關內險，這就是楊家將楊老令公、楊六郎等守禦的一條線。不過這是次要的一線，主要的還是在河北。此線無險可守，主要的國防線算是拒馬河，已在涿州附近，這是宋代中國不得已的一條可憐的國防線。由此一退下來，就直扣首都開封之國門。再退始是淮南北丘陵地帶，漸漸和黃河流域中原大平原不同。至於過了長江，形勢更不同。所以南宋還能守江淮。這是宋代國防上的先天弱點，我們也不能一一怪宋人。

自然，宋代若能出一個大有為之主，就國防根本條件論，祇有主動的以攻為守，先要大大的向外攻擊，獲得勝利，才能立國，才能再講其他制度。現在是以防禦來保國家，而且是一種劣勢的防禦，遲早總要失敗，再遷就這一形勢來決定其他制度，自該無一是處了。其實中國自古立國，也沒有不以戰鬪攻勢立國的。秦始皇帝的萬里長城，東起大同江，西到甘肅蘭州黃河鐵橋，較之宋代這一條拒馬河，怎好相提並論呢？況且縱使是萬里長城，也該採用攻勢防禦。所以終於逼出漢武帝的開塞出擊。宋代軍隊又完全用在消極性的防禦上，這固然是受了唐代的教訓深，才矯枉過正至於如此。進不可攻，退不可守，兵無用而不能不要兵，始終在國防無辦法狀態下支撐。幸而還是宋代特別重視了讀書人，軍隊雖未整理好，而文治方面仍能復興，以此內部也還沒有出什麼大毛病。其大體得失如是。

第四講

明代

一、明代政府組織

甲、明代之中央政府

明代是中國近代史的開始時期，同時也是世界近代史的開始時期。從明迄今，六個世紀，五百多年，西方歐洲走上一個新的近代史階段，中國也復如是。明以後接著就是清，我們要了解清代，該先了解明代，現代中國大體是由明開始的。可惜的是西方歷史這一階段是進步的，而中國這一階段則退步了，至少就政治制度來講，是大大退步了。

倘使我們說，中國傳統政治是專制的，政府由一個皇帝來獨裁，這一說法，用來講明清兩代是可以的。若論漢、唐、宋諸代，中央政府的組織，皇權相權是劃分的，其間比重縱有不同，但總不能說一切由皇帝專制。到了明太祖洪武十三年，據正史記載，因宰相胡惟庸造反，明太祖受了這個教訓，從此就廢止宰相，不再設立。他並說以後他的子孫也永遠不准再立宰相。所以明代政府是沒有宰相的，清代也沒有。所以我們說，中國傳統政治，到明代有一大改變，即是宰相之廢止。

沒有宰相了，又怎樣辦呢？從前唐代是三省分職制。一個中書省，一個門下省，一個尚書省。到了宋代，門下省退處無權，給事中大體也如諫官般，變成和宰相對立，很少能對詔勅行使封駁權。其時的宰相，則衹是一中書省。自元迄明，中書省還是正式的宰相。直待明太祖把中書省廢去，衹留中書舍人，僅是七品小京官，其職守等於一書記。在唐代，中書舍人是代擬詔勅的，現在衹派成管文書與鈔寫之職而止。給事中在明代也是七品，卻還有封駁權。中書門下兩省都廢了，衹賸尚書省，但尚書令及左右僕射也不設了，於是尚書省沒有了長官，改由六部分頭負責，就叫做六部尚書，這是一種禿頭的尚書。在唐宋時，六部中每部的第一個司稱本司，如戶部有戶部司，吏部有吏部司，其餘禮、兵、刑、工各部均然。而尚書省則有尚書令，為正長官。左右僕射為副長官。現在明代則等於升本司為部長，六部就衹是六個尚書，變成一個多頭的衙門。六部首長，各不相屬。這些尚書都是二品大員，這已經是當時最高的官階了。

此外有一個都察院，是由御史臺變來的，專掌彈劾糾察。全國各事都在都察院監督之下。把都察院和六部合起來，並稱七卿。

七卿之外，還加一個通政司，一個大理院，則稱九卿。通政司管理章奏，全國中外一切奏章送給皇帝的，都歸通政司，這是一個公文出納的總機關。大理院主平反，一切刑法案件到最後判決不了，有什麼冤枉，都可以到大理院求平反。刑部尚書加上都察院和大理院，又叫做三法司，這都是司法機關，朝廷一切重大司法案件，就由三法司會審。

上述的九卿，實際上祇前面七卿比較重要，後面兩個卿就不重要了。在這九卿之上，更無首長，所以明制是有卿而無公，成了一個多頭政府。刑部不能管吏部，吏部不能管戶部，政府諸長官全成平列，上面總其成者是皇帝。

武官則有大都督，全國有五個大都督府（唐朝有十六個衛），他們都祇管出外打仗時帶著兵。至於征調軍隊，一切動員工作，這是兵部的事，不在大都督職權內。

明代政府，經過這樣的改變，一切大權，就集中到皇帝。我們若把明代政府這樣的組織，來回頭和漢唐宋各代的傳統政府一比較，便知以前宰相職權在政府之重要。但明代雖說一切事權集中在皇帝，究竟還有歷史舊傳統，亦並不是全由皇帝來獨裁。有許多事，是必經廷推、廷議、廷鞫的。當時小官歸吏部尚書任用，大官則由七卿、九卿，或再加上外面的巡撫總督開會來公開推舉，這叫廷推。倘使有大事，各部不能單獨決定，也常由七卿、九卿公決，這叫做廷議。倘使有大的獄訟，三法司解決不了，也由七卿、九卿開會定獄，這叫做廷鞫。這一制度，本來漢代早就有，朝廷集議大事，屢見正史記載，可見一切事，還不是全由皇帝獨裁的。

再說到給事中，它官階雖祇七品，但在明代，也是一個很重要的官。明代給事中是分科的，依照尚書六部分六科。如戶部給事中、兵部給事中、禮部給事中等，故又叫六科給事中。大抵這個人精習財政，便派做戶部給事中。那個人懂軍事，就派做兵部給事中。皇帝詔書必經尚書，始分部行下全國。此六科給事中仍可有封駁權。如關於財政問題，上面命令到了戶部，戶部給事中就可參加審核，發表意見，這好像現在西方政府中的專家智囊團。祇要他們不同意，仍可原旨退還。而且給事中並無長官，可以各自單獨發表意見。遇到廷推、廷議、廷鞫，他們也可出席。一般說來，他們的意見是很受尊重的。若他們表示反對，在當時謂之科參。往往六部尚書因為科參，束手無策，祇有把原議擱下。這仍然是當時君權之一節限。

乙、明代內閣制度

然無論如何，在明代，一切事，總之是皇帝最後總其成。但皇帝一人當然管不盡這許多事，因此我們就得講一講皇帝的祕書處。

明代皇帝的祕書處，當時稱為內閣。祕書便是內閣大學士。因為皇帝在宮裏辦公，他需要幾個祕書幫他忙，這些人的辦公地點在中極、建極、文華、武英四殿，還有文淵閣、東閣兩閣。這些處都在內廷，所以這些人就稱為內閣學士或內閣大學士。內閣學士原本的官階祇五品，而六部尚書是二品，可見內閣學士在朝廷上地位並不高。上朝排班，大學士的朝位班次也在尚書的下面。今且說這些大學士做些什麼事情呢？在太祖時，內閣學士不過像是皇帝的顧問，遇皇帝有不清楚的事，可以隨時問他們，聽他們意見，作皇帝之參考。奏章批答，從前是宰相的事，現在是皇帝的事。皇帝不能一一親自動筆，便口授大學士寫出，這所謂「傳旨當筆」。由皇帝吩咐下來，這事怎樣辦，那事怎樣批，他們祇照皇帝意見寫下。所以照理，大學士不過是皇帝的私人祕書，政治大權還是在皇帝，不在大學士。

據當時統計，自洪武十七年九月十四日至二十一日，先後八日間，內外諸司送到皇宮裏的章奏，共有一千一百六十件。每件奏章裏，有講一件事的，也有講兩三件事的，共計有三千二百九十一件事。此因中國地方大，一切事集中到中央，中央政府所當預聞的事當然多。遠從秦始皇時，早已把天平秤著公文，兀自天天看到深夜不得息，何況到明代？那時，西方還沒有現代像樣的英、法諸國。西班牙、葡萄牙那些小國家，不論疆土那麼小，政治規模也簡單得可憐。這當然不能與中國比。試問當時偌大一個國家，件件事要經皇帝批覈，這當然很困難。我們試看北平故宮，前面三大殿，是朝會之所，後面如乾清宮等，由皇帝住宿。他天天要到前面來辦公，距離既相當遠，北平之氣候九月就結冰，次年二三月才解凍，早上天氣尤其冷。而中國政府傳統習慣，會議上朝，總要在日出前，早上天不亮就朝會，皇帝也須黎明即起，等到太陽出來便散會了。一般做官人，多半住宮城外，遠的如前門外騾馬市大街等處。早上跑進皇宮有很遠的一段路，騎著一匹馬，帶著一個僕人，掌一盞燈籠，四更五更就要去。到了紫禁城，還得下馬，仍准騎馬的祇有少數幾個人。一律須先到朝房，靜候皇帝上朝。皇帝出來，天還沒大亮，遇到天氣寒冷，那時也沒有近代的防寒設備。火爐很簡陋，生些炭火，不過擺擺樣子而已。明制一天有三次朝，稱早朝、午朝、晚朝，如是則皇帝要三次出面見群臣及民眾。明制常朝有兩種：一叫御殿，一叫御門。御殿又稱內朝，是在大殿內朝會議事。御門是到奉天門，就在陽臺上，讓老百姓也可以見面說話。現在西方國家有什麼大集會，還有在陽臺上講話的風氣，我們稱這是一種民主政治的精神。其實清朝故宮的午門，就是預備皇帝和民眾見面的陽臺，不過這種制度清朝沒有行，但明朝卻有。皇帝一天要上朝三次，多少的麻煩。明太祖是開國皇帝，天下是他打來的，以前他是皇覺寺和尚，掃地挑水也幹過，他有這樣精力，可以做獨裁的皇帝。明成祖也還是親手打天下，他是封出去的王，從北京打到南京來篡了皇位，他也有精力可以親裁庶務。再下去的兒孫，生長在深宮，精力逐代萎縮，便不能這樣做。甚至不能天天出來上朝見群臣。今天不上朝，明天事情就接不上。事情接不上，不能叫文武百官在那裏老等著，也不能群臣們說了話，皇帝無辭可答。後來皇帝便祇有偷懶，把政權交付與內閣，閣權慢慢地重起來。

不過閣權雖重，而他們的官階還是低，仍祇五品，因此通常內閣大學士都由尚書兼，這樣一來，內閣學士地位雖不高，尚書地位是高的。同時也和宋代般，他們都有經筵講官。經筵講官，是教皇帝或太子讀書的，那是皇室的老師。由曾任這些官職的人來兼內閣大學士，自然和皇帝關係是既尊且親了。所以明代的大學士（皇帝私人祕書）以六部尚書（政府行政長官）和曾任經筵講官（皇帝的老師）的來兼任，他們的地位就尊嚴了。然而明朝大學士的官銜，卻始終是某部尚書兼某殿（閣）大學士，譬如兵部尚書兼武英殿大學士之類，他的本官還是尚書，大學士還是一兼職。直到明代亡國，大學士還是一個五品官。不過上朝時，他以尚書身分而兼大學士，已經是站在其他尚書的前面了。然照制度正軌論，他之所以尊，尊在其本官，不尊在其兼職。所以明代內閣大學士，就官制論，絕對不能和漢、唐、宋時代的宰相地位相比論。

然而明代大學士，他在官職上的地位雖然低，他在政府裏的權任卻很高。因為一切奏章，政事，看詳批答，都要經他們手。太祖、成祖時代，皇帝自己處決事情，口頭吩咐大學士代筆，大學士自然祇如一祕書。後來皇帝年青不懂事，事事要諮詢大學士意見。而且皇帝因於自己不懂事，也怕和大學士們時常見面，內外一應章奏，先由大學士看過，拿一張小簽條，寫出他們意見，附貼在公事上，送進宮裏，再由皇帝細閱決定，這在當時叫做「條旨」，就是向皇帝分條供獻意見的意思。又稱「票擬」，是說用一個小條子（即票）擬具意見，送皇帝斟酌。待皇帝自己看過，拿這條子撕了，親用紅筆批下，名為「批紅」，亦稱「朱批」。批好拿出去，這便是正式的諭旨。

在唐代，一切政令由宰相擬定，送皇帝畫勅。在宋代，是宰相向皇帝上劄子，先得皇帝同意或批改，再正式擬旨。現在明代，則一切詔令，皆出皇帝親旨，大學士祇替皇帝私人幫忙，全部責任在皇帝。而皇帝失職，卻並無辦法，算祇有給事中有時可以封駁。給事中究竟是太小的官位，那能拗得過皇帝？所以明代制度，可以說是由皇帝獨裁了。不過碰到大事情，皇帝還是要到文華殿、武英殿來同那批大學士當面商量，祇小事情不重要的，由內閣寫了條子送進皇宮給皇帝慢慢地批。

但我們應知明代的天下，將近三百年之久，最初是皇帝親自在內閣，後來有些皇帝不常到內閣，由內閣條旨票擬送進去批。甚至有幾個皇帝則長久不管事，因不管事而更不能管事，就變成怕見大臣了。於是經年累月，不再到內閣，一切公事都要送進宮裏去。最有名的就是萬曆皇帝明神宗，他做了幾十年皇帝，有二十幾年沒有上過朝，政府裏大臣都沒有見過他一面。當時人傳說他抽大烟，真假不知，不過這也很可能。自憲宗成化以後，到熹宗天啟，前後一百六十七年，皇帝也都沒有召見過大臣。但我們也不能盡怪這些皇帝的不好，因他們精力、智力有限，天天困在深宮，而要處決一應國家大事，這何等的不容易。無怪他們要怕事偷懶，避不上朝。我們祇該怪明太祖訂下那制度的不好。即是廢宰相而由皇帝來獨裁政事，那一制度卻實在要不得。

現在再說皇帝和內閣日常不見面，於是皇帝和內閣中間的接觸，就多出一重太監上下其手的機會。皇帝有事交付與太監，再由太監交給內閣。內閣有事，也同樣送太監，再由太監上呈與皇帝。這樣，太監就慢慢的弄了權。甚至皇帝嫌麻煩，自己不批公事，私下叫太監批。批紅的實權，落到太監手裏，太監變成了真皇帝，掌握政府一切最高最後的決定權。遇到太監嬾批的，便把來當作包魚包肉的廢紙用。這種黑暗腐敗，在歷史上，祇有明代有。太監領袖稱司禮監，明代政制最壞時，司禮監便是真宰相，而且是真皇帝。當初太祖定制，一面廢去宰相，一面卻也預防到太監預聞政事的可能。故在洪武十七年，鑄了一塊「內臣不得干預政事」的鐵牌，掛在宮門裏。可見太祖心裏儘明白，廢了宰相，由皇帝來獨裁，太監接近皇帝，易於得弄權。正如漢武帝把相權攬在宮裏，也預知嗣皇帝幼小，容易招致皇太后預政，所以要先把母后賜死。這些可有之流害，他們也是想到的，然而明太祖規定不准立宰相，這事他後人遵守了，始終沒有敢違背。至於不准太監干預政事，他後人卻沒有遵守。明代太監預政，就比任何朝代干預得利害。這那裏是太祖始料所及呢？

在這種情形下，外面弄得沒辦法，內閣學士若真要做點事，也必須先勾結太監。因為內閣見不著皇帝面，非結合太監，一切政事便透不上最高層。明代有名內閣大學士張居正，這是近人所推中國歷史上大政治家之一個，但他也祇能結合太監，才能攬實權。在神宗萬曆還沒有做皇帝時，張居正就是神宗的師傅。神宗做了皇帝，張居正是當朝皇帝老師，而且又是內閣大學士。然而先生見不到學生面，大學士照政制論，是無法主持政令的。於是張居正祇有同司禮監勾結，他才能舒展抱負，來策動當時的政事。但當時朝臣大家都反對張居正，說他不像前朝宰相，不是政府正式的行政首長，不該弄權專政。這批評實在也不錯。當時尚書六部才是政府最高行政長官，他們祇須聽命於皇帝，並不須聽命於內閣。若內閣和六部發生意見，六部可以說：你不是宰相，不是大臣，不該管我們的事。不該管的事而管，不該攬的權而攬，此是權臣，非大臣。權臣弄權與大臣當權，在中國傳統政治觀點上是大有分別的。大臣是在當時的制度上有他正當的地位的。在中國傳統制度下，宰相無事不該問，無權不該把。他不問事，不當權，是失職，是無能。並非宰相，而問事攬權，是奸臣，是權臣。權臣弄權，這是違反國法的，也是違反政治上的傳統道德的。然而明代的制度，則根本沒有一個正式的宰相。六部尚書乃及七卿九卿，始是名正言順的大臣。當時反對張居正的人，他們心裏想：部（六部）院（都察院）長官，分理國事，祇受皇帝節制，你做內閣大學士，祇是皇帝私人顧問，你在皇帝面前，「從容論思」是你的責任，你不該借著這一點關係正式出面來干涉部院，那是你越權。因為張居正要管事，所以他要各衙門奏章公事每樣備兩份，一份送內閣，一份送六科給事中。這又是他不對。給事中雖官階低，但在當時政制法理上，一切文件，該他過目，這是不錯的。內閣則並無必須預聞之職權，祇皇帝私下要他預聞才預聞。所以當時人反對張居正，張居正是沒有理由答辯的。他於是祇有向皇帝去辭職，他說他「所處者危地，所理者皇上之事，所代者皇上之言」，這幾句話，絲毫也不錯。然試問當時何嘗有一道正式命令叫張居正代理皇帝呢？

依照中國政治傳統，皇帝不該干預宰相的事，此在講漢、唐、宋三代政制時，已詳細述及了。現在是內閣不得干預皇帝的權，就明論明，是不錯的，張居正也無法自辯。現在我們不了解當時這情形，總認為張居正是一大政治家，他能主張講法治，其實他本身就已違法了，而且違反了當時國家的大本大法呀。該皇帝管的事，他來管，那豈非不法之至嗎？若張居正在漢、唐、宋三代，那是一好宰相。依明代制度論，張居正是一內閣學士，不是政府中最高領袖，不得以內閣學士而擅自做宰相，這是明代政制上最大的法理，也是明代之所以異於漢、唐、宋傳統的。張居正要以相體自居，他一死，他家就被抄了。雖然他在明代有很大的建樹，但當時清議，並不講他好話，這就因為認他是一個權臣，非大臣。這不是專就他功業言，而是由他在政府之地位上的正義言。此刻我們要提倡法治，卻又來推尊張居正，這正為不了解明代政治制度。當知明代的政治制度，早和漢、唐、宋傳統有了很大的變化。張居正並未能先把當時制度改正，卻在當時制度下曲折謀求事功，至少他是為目的不擇手段，在政治影響上有利弊不相抵的所在呀！

我們以上的說法，衹就制度與法理論，不從事業和居心論。至少在當時那些反對派的意見是如此。我們詳細講述這一層，正為闡明制度如何牽制著人事，而明代此項制度之要不得，也就即此更可論定了。

丙、明代地方政府

地方政治一向是中國政治史上最大一問題。因為中國國家大，地方行政之好壞，關係最重要。明代亡國以後，當時有兩位大史學家，痛定思痛，來討論明代政治制度，和此下中國政治的出路。一位是黃梨洲，他著了一部《明夷待訪錄》，他最注意的是明代廢宰相那一事。他認為將來祇有再立宰相，正名定義，把宰相來做政府領袖，不要由皇帝親攬大權。另一位顧亭林，著有一部《日知錄》，他曾說：天下太平，則小官多，大官少；天下之亂，則必然是大官多而小官少。他舉了歷史上許多例來講。總而言之，地方政治幹得好，天下就太平。地方政治幹不好，天下就大亂。他們兩人的著眼點，一上一下，各有不同。黃梨洲注意在上面，顧亭林注意在下面。但我們若細看全部中國政治史，便知他們兩位所說，同樣是顛撲不破的教訓。

從中國傳統歷史意見論，地方政府制度最好的要推漢代，但唐代地方制度也還好。讓我們舉一例來說：中國地方這樣大，現在有飛機、火車、電報、政令傳達，不感覺多麼的困難。從前交通完全靠驛騎，這就不容易。驛路可通全國，到處都有站，當時則叫做亭。唐代首都在長安，若要發一公文到番禺（廣州）或者到杭州與福州，都非常困難的，這我們可以想像到。但當時並不曾因交通之遼遠，遞訊之困難，而政事上有所失誤。當時公文，也分緩急等次，好像現在發電報要分加急電和普通電一樣。當時遞送某種公文一點鐘馬該跑多少路，都有一定的規定。從這一站到那一站，快的多少時，慢的多少時，都規定了。每站都有守站的人，送公事的到達了，守站的早把吃的喝的都預備好，此人吃飽喝夠，稍稍休息，再換一匹預先餵好了的馬，繼續跑。第一天到什麼地方歇，第二天到什麼地方歇，都有限定。因此幾天內，如限趕到，是沒有問題的。現在打電報利用科學，從前全靠人力馬力。每天戶部、吏部，尚書各部都有公文送往各地，一匹馬來，一匹馬去，絡繹於路。現在的火車輪船，有時還誤點，古時驛騎誤點，更該是尋常事。但也總得多少照規定時限到達。否則，政事就會亂，國家就會垮臺。舉此一例，便知現在我們所喜歡說的中國人一向沒有時間觀念那句話，也不盡正確呀。照理論，空間愈大，時間愈緊要，中國人若無時間觀念，不該能統治管理偌大的空間。

再說那些站，建築也極講究。假山、水池、亭閣、廳房、洗澡間、馬房，一應設備都周全。送公事的到了，總給你休息得很好，好讓你明天再精神飽滿地上路。即使不睡覺、不過夜，休息一兩點鐘，也足夠恢復你疲勞。同時替你準備好新馬，給你繼續上路。馬力也分等級，攜帶第一等緊急公文的，便給你第一級快跑的馬騎。這些荒山窮谷的守站人，也決不會誤你事。由這一個例，可見當時行政效力之高。但這種功績，並不能全歸之中央，這不是宰相和工部尚書的事，而是地方政府的事。顧亭林親自走過的地方著實多，據他說：祇要看見一條大路，路基築得堅實平坦的，詢問查考，多半是唐代留下來。祇要看見一座大城，堅厚雄壯，一經詢問查考，也多半是唐代留下來。驛亭的建築遺址，顧先生也看得多了，他纔追懷到唐代的規模。據他《日知錄》所講，真好像近代歐洲人眷念推崇羅馬古跡般。但羅馬是帝國主義者征服四圍，一切為武力而措施。唐代則完全是地方政治之完善。兩者間用意不同，而顧先生也不是漫無用意，如考古家般來贊揚唐代。他的用心，正在針對著明代之實際情況。讓我們繼此來講一講明代的地方行政吧！

丁、元明以下之省區制度

要講明代地方行政，最重要該首先提到的，就是現在的所謂省區制度了。今天我們還用著行省這名詞。行省制度，不始於明代，這是從元代開始的。也可說金代先已有行省了。但正式成為制度的是元代。我們今天俗稱江蘇省、浙江省，省像是地域名。但歷史上省字原始是衙門名，非地域名。在金、元兩代，開始有行中書省。中書省是當時中央的宰相府，一般稱為都省。行中書省是由中央宰相府（都省）分出一個機關駐紮在外面。這因蒙古人征服中國，不敢把政權分散，要完全把握集中在中央。某地方出了事，就由中央宰相府派一兩個人去鎮壓，行省是一個行動的中書省。過去御史臺派人考察地方行政，今天在這裏，明天到那裏，所以有行臺。中書省是中央政府最高機關，怎樣可以分一部分在江蘇，又分一部分在廣東呢？這是元代一個極不合理的制度。這因異族征服了我們，跨駕在我們頭上，最先使用這一制度的還是「金」。不過無論是金或元，都是外族用此制度來統制中國，都是不放心把政權交給與地方，也不放心把政權分散。所以連地方政事，也由中央政府最高領袖來親自統制。此如現在英國在香港，過去在印度，都設有總督，殖民地總督是直屬皇帝的。在名義上，殖民地總督，由英國皇帝派，不由內閣派。此因內閣代表國會，國會代表民意。殖民地根本不許有民意。英國本土可以有民主，有自治，像香港、印度殖民地等便不能有民主與自治，所以也不該有地方官，直由皇帝派一總督來管理。可見任何一制度，其背後都有意義可說。元代的行中書省，就是一個行動的中央政府，宰相府的派出所，分駐在這個地方來管事。如是則地方絕無權，權祇在中央。元代是有中央無地方的，中國祇是其征服地，像英國的香港。

元朝同宋一樣，把地方分成路、府、州、縣，而實際上元代的地方政權不交在地方，乃由中央派行中書省管理。行省長官是中央官而親自降臨到地方。在當時，並不是說把全國劃分成幾個地方行政區，乃是這幾區地方各駐有中央宰相，即成為中央宰相府的活動分張所。所以行中書省正名定義，並不是地方政府，而祇是流動的中央政府。換言之，是中央侵入了地方。中央需要派一個大員來鎮壓某地方，就派一個外駐的宰相。在元代，共計有如是的十個分張所，並不是全國地方行政分成為十個區。行省制度在法理上的實際情形是如此。

再深一層言之。這種行省設施，實際上並不是為了行政方便，而是為了軍事控制。行省制度的歷史來源確如此。所以直沿襲到近代，依然有其痕迹可尋。我們現代的省區分劃，和唐宋時代的道和路都不同。如江蘇：徐州是一個軍事重鎮，它一面是山東，一面是河南與安徽。徐州屬江蘇省，但它的外圍，江蘇管不著，如是則江蘇的總督或巡撫就無法控制了。南京也是一軍事重鎮，但如廣德不守，或者蕪湖放棄了，南京也不能保，而廣德、蕪湖也都不在江蘇的管轄內。任何一省都如此。給你這一半，割去你那一半。好使全國各省，都成支離破碎。既不能統一反抗，而任何一區域也很難單獨反抗。這是行省制的內在精神。

元代這一制度，明朝人自然懂得他用意。明代人明知這一制度在名義上就說不通。而且明代已廢去了中書省，更何來行中書省？所以把行省長官改成為承宣布政使。全國正式劃分為十三承宣布政使司。使是指的官，司是指的衙門。我們若正名講，該說明代的地方行政分成為十三個布政使司，不該說它分成了多少行省，或說多少省。到清代，在承宣布政使之上，又常設有巡撫和總督。巡撫、總督在明代是非常設的官，故地方行政首長之最高一級是布政使。但稱布政使司為行政區域，已經是名不正，言不順。就官制言，地方區域，也不該稱為司。而清代則更無適當稱呼，於是仍沿襲稱了省。譬如有江蘇布政使，有江蘇巡撫，而江蘇地區則稱為江蘇行省或江蘇省。

清代《一統志》是這樣稱呼的。其實省的稱呼，更是名不正言不順。又《清一統志》把省區再綜合劃分，如稱關東三省（山海關以東），或嶺南三省（廣東、廣西、福建）之類。這更是無意義。這是把政治地理和自然地理混淆了。後來中國人果然為此誤事。別的不管，祇叫廣東省、廣西省，不說嶺南三省，或南三省，而獨關東三省因為清代限制中國人出關，常把來混合稱為關東三省，不分開，而後來又把關字省了，祇叫東三省。習俗相沿，好像東三省和其他省區有不同，全國祇知道有一個東三省，卻不看《大清一統志》，嶺南也有南三省。其他省區全都如此併合稱呼，東三省並不和其他地區有兩樣，而我們卻誤認它是兩樣了。後來又有人把東三省誤叫為滿洲，這更大錯特錯。滿洲祇是吉林省松花江外長白山附近一小區域，在明代屬建州衛，唐稱府，明稱衛，這是軍事區域的名稱，並不是東北的行政區域。關東三省，才是東北行政區域，而尚不全是行政區域。而一般人不注意這些事，或者滿洲人要故意把滿洲兩字的地域觀念放大，所以他把省區也勉強分為關東幾省、嶺南幾省等不合理的稱呼，來牽強混淆。而後來日本人又推波助瀾，故意把東三省說成是另外一區域，而且東三省就是滿洲。這實在是一個極大的混淆。後來弄出溥儀的偽組織，自稱滿洲國，認為是滿洲人統治著滿洲，實際上東三省那可與滿洲相提並論？

孔子說，名不正，言不順，清代學者中，就有人主張不用行省或省字，而正名稱為布政使司的。然而總督巡撫又如何稱呼呢？所以當時也沒有人附和。然而行省之稱到底是不妥，又加說本部十八省，那更荒謬。中國歷史上根本就沒有所謂本部非本部之別。秦代萬里長城早已東達大同江，遼河流域永遠在中國歷史圈之內，如何說它不是中國之本部？這原是外族敵人有意混淆是非造出來做侵略的口實。此刻又有所謂華南、華中、華北等稱呼，試問中國政治區域上，有沒有這些分法呢？中國人不注意，大家跟著這樣叫，現在還沒有事，不要緊，十年二十年以後，說不定政治上，外交上又發生問題。連我們的腦筋裏，觀念上，也會發生問題的。如想我們是華南，你們是華北，這些觀念，都會發生很大作用。這因講元代的行省，而牽連涉及。這都該值得我們警惕的。省區的省字，根本是一個不祥的名稱，最好以後能在新的地方政治區域之劃分下把這字革除，再不沿襲。

戊、明代地方監司官及督撫

再說明代地方長官，與承宣布政使並列的，還有一個提刑按察使。布政使管行政，按察使管司法。又有一個都指揮使，管軍事。三個司合稱為三司。承宣布政使司又叫藩司，提刑按察使司叫臬司。清時俗呼藩臺、臬臺。照理，臬使尚可稱臺，如御史行臺之例。按察使本該流動考察，不常川駐定一地方。但明清兩代都已固定有駐地，稱臺已不合理。至於承宣布政使司，全省行政都歸他管，更不該稱臺。布政使下面有參政、參議等官，提刑按察使下面有副使僉事等官，這種官派出去，叫分司。分司到了清朝，俗稱道臺，普通稱為監司官，猶如省政府派幾個參議到地方上協助辦事。這樣一來，地方政府的事情就更不好辦了。

明制，地方行政制度，最低一級是縣。縣上面是府和州，這是第二級。上面才是省，就是承宣布政使司，是第三級。三級之外再加上分司，就變成了四級。元代是把中央政府分置到地方，就變成行中書省。明、清兩代是把地方高級政府再派到低級去，這便是監司官。這也難怪。因為省區大，事情多。不得已，才有分司分道之制。分司分道又分為兩種。由布政使派出的叫分守道，由按察使派出的叫分巡道。明末大儒王船山，在其所著《黃書》裏，曾有一統計，說：山東省有六個府，但有十六個分司。山西省有五個府，有十三個分司。陝西省八府，有二十四個分司。四川省九府，有十七個分司。這樣一來，縣上面有府，府上面有司（分司），司上面才是省（司），變成管官的官多，管民的官少。縣官才是親民官，府、州以上，都是管官之官。管民的官不僅少，而且又是小。

所以中國地方政治，宋代已經不理想。宋制分路，諸路分設帥、漕、憲、倉四個監司官。明代更不行，一省分成三個司：一個布政使司，一個按察使司，一個都指揮使司。前兩個藩臬二司，又再分許多分守分巡的司。這許多官下面，纔是府、州和縣。縣官壓得太低太可憐了。他服事奉承在他上面的長官還來不及，那有工夫去親民？漢代縣上面是郡，郡上面沒有了。漢代的郡太守，是二千石官，階位俸祿，和九卿相似。一個縣政府，也往往有屬吏幾百人的大規模。但漢郡多至一百以上。今天中國的一省，有比歐洲一國更大，而現在的官場習氣，還是薄省長而不為。至於縣長，那真微末不足道，這實在是政治上一個大問題。

以上還祇講的明代的布政使，按察使與都指揮使。而這幾個長官上面還有官，還有更高一級的官，那就是總督與巡撫。總督、巡撫在明代制度下還尚好，因其必有事才派出此等官，並且都帶一個都御史的銜。這就是說，由中央政府都察院的都御史臨時派到地方去辦事，所辦是巡撫、總督等事。譬如倭寇來了，沿海地方沒有總其成的人，就派一個總督或巡撫去，這是臨時的。過幾年，事情平定了，這官仍舊回中央，機關也撤銷了。但一到清代，總督、巡撫又變成為永久的，在布政使（藩臺）、按察使（臬臺）上面再加巡撫、總督，地方行政就愈來愈壞了。

我們現在再從歷史演變源頭上說來，漢時由刺史變成為牧，以及唐代之十道觀察使，這些都是由監察官變成地方行政長官的。祇有節度使才是軍事長官變成了行政長官，然而還是意在開邊對外的。明清兩代之總督、巡撫，則是意在對內防亂，不在對外開邊。由中央來臨制地方已不好，何況派軍官來常川鎮壓呢？若非地方政治失敗，亦何來有此需要？這實在不能不說是中國政治史上一大失敗。

己、明清兩代之胥吏

上面所說，是地方政府一層一層的由上面加來的高壓。而從下面講，又出了毛病。最要是吏胥之制。

中國傳統政治有官與吏之分，最先吏是指的管理一般業務的，略等於今天之所謂事務官。在兩漢時代，每一機關的長官獨稱官，屬官皆稱吏。官吏的出身，並無大區別。宰相由吏屬出身，是件尋常事。所以漢代政治風氣極敦厚，極篤實。唐代的吏和官，已分得遠了，然而兩者間還是沒有判然的劃分。判然劃分的時期要從明代起。若再溯而上，弊病仍是先出在元代。因元代政府長官，都用的蒙古人。蒙古人不懂政事，而且不識中國字，於是便得仰賴於書記與文案。中國讀書人沒有了出路，便混進各衙門當書記與文案去。那便是官與吏流品涇渭之所分。但明太祖時，因人才不夠用，推行薦舉，任何長官都可薦舉人才。所薦舉的，不分進士、監生、吏員，朝廷尚是一律任用。進士等於如高等文官考試的及格人，監生等於是大學生，吏員則等於是公務員。這時尚不分高下，同樣有出身。但那是一時濟急。迨到明成祖時，便規定吏胥不能當御史，這就是規定曾任公務員的不能做監察官。又吏胥不准考進士，這樣一來，便限制了吏胥的出身。官和吏就顯然分開兩途。於是在中國政治上的流品觀念裏，吏胥被人看不起。這一觀念始於元，到明成祖時而確定。這事在中國政治史上，實有甚大的影響。

西方社會有階級，無流品。中國社會則有流品，無階級。這也是雙方社會一大區別。直到今天，流品觀念在中國人腦裏還很深。譬如教書人，是一種行業，衙門裏辦公文做師爺的也是一種行業，但行業與行業之間，卻顯分清濁高下，這便是流品觀念在作祟。又譬如文官武官，一樣是個官，官階品位儘相等，但在流品觀念下，則文官武官又顯然有分別。這是中國社會獨特的傳統，西方人不易理解此分別的。若要把流品二字翻成西方名詞也無法翻，祇有中國人腦筋裏才懂得。譬如唱戲也是一職業，然而在中國人腦筋裏，唱戲的自成一流。這一流，那一流，各自有品，等級不同。種田的、讀書的，也同樣是職業，而在我們腦筋裏，除開職業之外，卻夾有另一觀念，這就是所謂的流品。在明代政府的觀念裏，胥吏另成一流品，胥吏是沒有出身的。先是不准做御史，後又不准考進士，結果祇叫考生或秀才之中無出路的來當胥吏。

胥吏流品雖低，但他們對當時政治影響卻很大。近代政治界中最有名的所謂紹興師爺，也不是清代才有，早在元明時代已有了。他們的勢力，早已佈滿在全國。明代有一位理學先生陳幾亭，他有一位朋友到紹興去當知縣，他寫一篇文章送行，大意說：天下治亂在六部，而六部的胥吏完全是紹興人，這些紹興人雖在中央政府辦文案，但他們的父兄都還在紹興。希望你到紹興後，多能注意教化他們的家庭來。把胥吏的父兄教化好，將來他們就可以教化胥吏。胥吏變好了，天下就治。所以紹興是天下治亂的根本。陳幾亭這番話，實在不能說沒有他的道理。歷史上的事情，有些擺在桌子面上，有些則隱藏在桌子底下。一般談歷史的，祇注意桌子面上事，譬如宰相怎樣，六部怎樣，而沒有注意到桌子底下一樣有力量，一樣有影響。直到晚清光緒年間，還有人這樣說：一切事情到了胥吏手裏，銓選則可疾可遲，處分則可輕可重，財賦則可侵可化，典禮則可舉可廢，人命則可出可入，訟獄則可大可小，工程則可增可減。大抵中國政治界裏吏胥所經管的，不外此七項，即銓選、處分、財賦、典禮、人命、獄訟與工程。其實政事之大者，在當時也祇此七項。吏胥則是此七項的專業人，傳統的專門家。他們是職業政治家而擅有專門知識的。但當時官場又看不起這些人，這些人也自認流品卑污，因此不知自好，遂盡量的舞弊作惡。

我們都知道，舊官場查覈公事，有說事出有因，查無實據的，也有說查無實據，事出有因的。照前面報就輕，照後面報就重。這些都由吏胥上下其手。明、清兩代的地方行政官，大都是管官的，不是管事的，事都交給師爺，由吏胥去辦。這種師爺，各衙門都有，上下相混，四面八方相勾結。而管官的官卻從科舉出身，那裏懂得這些事？一個真想做事的官，一到衙門，至少須三四個月或一年半載，才把衙門裏詳細情形弄懂了，而一輩吏胥就不免起來反對他，暗中作梗。這種情形，從明代起，以前是沒有的。而直到清代，這種趨勢，日甚一日，其誤在於分出官吏流品之清濁。在上面流動的叫清流，在下面沉澱的是濁流。祇要一行作吏，沉澱入濁流，再也不要想翻身，再也爬不上。

此種官場流品，深一層說，還是一種法，還是一種制度，而講制度者不注意。當時的政治傳統重法不重人。衹要你在胥吏流品中，無論如何有才有德，也仍走不出胥吏之本流，仍還是一胥吏。所以胥吏不再要自愛，不再要向上。而一切文書簿籍，例案掌故，卻全經他們手。他們便操縱這些來束縛他們的長官。長官雖賢明，無奈他們何。此乃法病，非人病。現代一般人，都說中國人不講法，其實中國政治的傳統毛病，就在太講法，什麼事都依法辦。一條條文進出，一個字兩個字，往往上下往復，把緊要公事都停頓了。

吏胥政治之又一面，便是今天所謂的文書政治。這是中國傳統政治裏的尚文之弊。兩漢政治的好處，便在其質實少文。而尚文政治之害處，則最易在政治的下層低層曝露。地方政治是政治之最低層，最下層。在兩漢是一個長官（縣令）之下有許多小官（掾屬即吏），明、清兩代，是一個小官（知縣）之下有許多永無出息的辦事員（吏胥），而政治上許多花樣（文與法）卻盡付與他們，試問其影響與結果該如何？

二、明代考試制度

考試制度自唐歷宋，還可說沒有大變動。到明代，變動就大了。後來清代的考試，都從明代沿下，現在我們且講其間兩點重要的。

甲、進士與翰林院

第一講進士及第和翰林院。

唐宋兩代的考試，由民間先在地方政府呈報，由地方送上中央，這些人就叫進士。考試錄取，就叫進士及第。譬如你是山東人，便向山東省政府報名，他把你送到中央，你就是山東省進士。因此主要的考試祇有一次。到了明代，殆因報考的人數更多了，才分成幾次考。第一是府縣考，錄取了叫入學，又叫縣學生，俗名又叫做秀才。照理，縣學生該赴縣學讀書，但有名無實，並無正式的縣學。其次是省試，考試地點在各直省的省會，這叫鄉試，中式者俗稱舉人。各省舉人再送到中央，集合會考，這叫會試。會試中式，始是進士，也叫進士及第。其實就名義論，舉人就如進士，進士也就如舉人，那有這許多分別呢？

明制進士及第以後，還該留在中央政府讀書，由中央派一個資格老的前輩進士出身的人來教。這個人，本身就是朝廷大官，也不嚴格來教讀。照例，要待這些進士讀書滿三年，再加一次考試，成績好的，就得入翰林院。所以明代翰林是進士在中央讀了幾年書，經過考試，這個時候稱為散館，才成翰林的。但此種進士讀書的制度，不久也有名無實了。而明代風尚，則極看重進士與翰林，非進士翰林就不能做大官。

明以前的科舉，祇進士及第後，即便分發服務，依其行政成績逐漸上升。明代則舉人不便是進士，一定要進士及第，進翰林院的這批人，才能當大官。舉人以下就沒有做大官的份，如是則科舉場中也分了流品。進士及第是清流，浮在上面直向前，秀才舉人則變成濁流，沉澱在下面，永遠不超昇。鼎甲出身，也成一種流品觀念了。我們不能說科舉場中有階級，但卻有流品。從兩漢到唐宋，任何人都得從小官先做起，但人人都有當大官的希望。明以後，科舉分成兩層，下層是秀才、舉人，沒法當大官。上層是進士與翰林，也沒有做小官的。清代也如此。像曾國藩進士殿試，雖列三甲，祇是同進士出身，然而進士散館成績好，獲進翰林院，以後出來便做幾任學政主考，後此就做侍郎，等於現在的部次長，一下就做大官了。至於考不上進士翰林的，無論你學問修養好，從政成績好，總之沒辦法。這種制度，依然是重法不重人。

但平心論之，此項制度也絕非無好處。明、清兩代許多的有名人，都出在翰林院。因為考取進士後，留在中央這幾年，對政府一切實際政事，積漸都了解。政府又給他一個好出身，將來定獲做大官，他可以安心努力。他在進士留館時期及翰林院時期，一面讀書修學，一面獲得許多政治知識，靜待政府之大用。進士與翰林成為政府一個儲才養望之階梯。科舉本祇能物色人才，並不能培植人才的。而在明、清兩代進士翰林制度下，卻可培植些人才。這種人才，無形中集中在中央，其影響就很大。即如曾國藩，考取進士時，也不過三十幾歲，那時在學問上是並無甚深基礎的。而在他進士留館一段時期，住在京城，生活雖說很清苦，但亦很清閑，沒有什麼事，可以一意從師覓友，讀書論學。學問基礎，便在那時築成。及做翰林，還是沒有事，還是讀書。即或放到外省做主考官，主考還是沒有許多事，旅行各地，多識民情風俗，多認識朋友，回來還是翰林。如是多少年，纔正式當官任事。國家養你在那裏，擔保你有大官做。政府的事，你都可知道，祇讓你從容一時期，這是一個很好的制度。明清兩代，許多大學問家，大政治家，多半從進士翰林出身。並不是十年窗下，祇懂八股文章，其他都不曉得。他們住京都，往往祇攜一個僕人，養一匹馬，或住會館裏，或住僧寺裏，今天找朋友，明天逛琉璃廠，檢書籍，買古董。或者在當朝大臣家裏教私館。然而他們負有清望，是政府故意栽培的人才。在政府論，應該要有一個儲才之所，把下一輩的人才培養在那裏。培養他的學識，培養他的資望。如是才可以接上氣。漢代培養人才的是掾屬。唐代培養人才在門第。宋代培養人才在館閣校理之職。到明、清兩代，始把培養人才的機構歸併到考試制度裏。當然，做翰林的不一定全都好，然而政治家學問家都由這裏面出來，那亦是事實。

乙、八股文

其次我們要講及八股文。

這是明代考試制度裏最壞的一件事。從明代下半期到清代末期三四百年間，八股文考試真是中國歷史上最斲喪人才的。大家知道：八股文沒有什麼意思，但為什麼政府偏要用此來考試呢？當然有人要說，這豈不是專制皇帝故意的愚民政策嗎？然而明代推行八股文，早已在衰世。那時的皇帝，那裏會用心創造出這樣用意刻毒的制度來？當知任何一制度，很難說由一二人所發明，所制定。正因當時應考人太多了，錄取標準總成為問題。從前唐代考試，一定要考律詩，就因為古詩不容易定標準，判優劣，律詩要限定字句，平平仄仄，要對得工整，一字不合法度就不取。標準較易具體而客觀。宋代不考詩賦考經義，仁義道德，大家一樣的會說，誰好誰壞，很難辨。

所以演變到明代，又在經義中漸漸演變出一個一定的格式來。違犯了這個格式就不取。這不過是一個客觀測驗標準。八股文猶如是變相的律詩，是一種律體的經義。這也不是一下子便制定了這格式，而是逐漸形成的。開始時，也並不是政府存心要愚民斵喪人才的，目的還是在錄取真人才。然而人才終於為此而消磨了。現在祇罵創始此制的人存心不良，懷有極大的惡意，其實此制度也不是某一時某一人所創始的。而且縱使存心公正善良的人，其所創制度，也可有偏弊，有流害。我們必如是想，才能對政治制度有深一層之研討與警惕。

三、明代賦稅制度

明代經濟方面，講起來很瑣碎。

關於制度，無甚特創，此刻不擬再多講。自明迄清，國家對於賦役，都有一種重要的冊籍，名叫《黃冊》和《魚鱗冊》。《黃冊》是登記戶口的，《魚鱗冊》是登記田畝的。直到清代後期一百多年間，《黃冊》沒有了，戶口很久不調查，但《魚鱗冊》則相沿至今，縱有許多改進，但依然還是明代創制傳下。這是值得提及的。

《黃冊》以戶為主，每十年更定一次，凡四本。一上戶部，三份分送布政使司府縣。冊上詳具舊管新收開除實在之數，為四柱式。所謂以戶為主者，如某戶有田百畝，或賣去二十畝，則造冊曰舊管百畝，今賣，當開除戶下田二十畝，彼買者新收二十畝，而此戶實在則止八十畝。這是專據某都某家之一戶來登記的。如買者乃別都人，則立為子戶，登記於買田人戶圖中，逐項注清楚。此項造冊制度，一看像麻煩，其實在當時，本兼有限民名田之義。好使兼并之風，不易隨便滋長。

但此項《黃冊》，積久弊生，便多變亂了。如有一豪家，置田萬頃，他的田畝，侵入別都的太多了，便會有人想法變亂《黃冊》，把新收隨便挪移成舊管，來遷就此種兼并之惡風。又《黃冊》規定以一百十戶為一里，推擇其中丁糧多者十戶為長，餘百戶分十甲，一甲分十戶。歲役里長一人，甲首一人，董理此一里一甲之事。主要在替政府主管催徵。但兼并之風既盛，大戶千畝也是一里長，小戶三十畝也是一里長，則小戶更非蕩家破產不可了。

我們衹看明代《黃冊》制度，便可由此想像唐代的賬籍制度，在他們初創法時是各有一番精密懇切的用意的。但時間隔久了，便弊端叢生。最先是由人運用那項制度來遷就那弊端，最後是那項舊制度無法保留，衹有根本捨棄了來另立新制度。

其次講到《魚鱗冊》，遠在宋代已開始有了的。但到明代，此項圖冊，纔為政府普遍使用，而成為一制度。《黃冊》以戶為主，《魚鱗冊》以土田為主，當時亦稱《魚鱗圖》。每縣以四境為界，每鄉每都亦如之。田地以丘相挨，如魚鱗然，故稱《魚鱗圖》。圖中田地，或官有，或民有，或是高田，或是污田，或埂或瘠，或山或蕩，都詳細注明，並添注上業主的姓名。其有田地賣買，則一年一注。人戶縱然流動，田地則一定不移。因此，當時人稱為以田為母，以人為子，子依於母，親切可據。

我們若就《黃冊》、《魚鱗冊》這兩種冊子來細想當時創立此項制度之用心，實有未可厚非的。在此項冊子上，不僅便利了政府收租的手續，而且實在是不便於民間之兼并的。但若論歷史大趨勢，自唐代兩稅制以來，政府方面，究竟是祇顧慮在政府自身的財政上如何圖謀徵租手續之方便，而再不能在經濟理論上來努力社會民眾方面土地制度之建立。此中原因，一則由於兩漢以下，地方行政規模日趨窳陋，無法注意到此等大政策。再則自中唐以下，社會上大門第勢力全歸消失，畸零割碎的小戶農田，全歸政府直轄，徵收租稅的手續，更麻煩了，於是不得不在這上面盡力想方法。而民間的舞弊取巧，則層出不窮，上面立一法，下面即跟隨著這一法來作弊生巧。自從有了《魚鱗冊》，民間即在《魚鱗冊》上想花樣，如當時所謂飛灑詭奇之類，一切作弊的花樣，一時也說不盡。因此，冊上的田地四至，縱然是準確，而業主花名，則依然可以混淆，到底則仍變為一筆糊塗賬。遠在嘉靖以前，實際上明代的《魚鱗冊》，也早等於廢棄了。

其次要講到明代的一條鞭法。所謂一條鞭，是把民間差役雜項，一并歸入田賦項下，計畝徵銀，以求手續之簡便。這一法，早在宣宗宣德年間，已有人在長江下游東南一帶試行過，此後逐漸推行到全國。在世宗嘉靖、穆宗隆慶時，是明代一條鞭法最盛行時期。但此制也如宋代的免役法一樣，雖在南方覺得是便利，但在北方則各處深感不便，反對甚烈。實際上，一條鞭法經歷時期也並不久，便紊亂了，並不能完全遵照那法制來推行。

我們上面講了明代的《黃冊》、《魚鱗冊》和一條鞭法，卻有一層重要之點，值得再提出。我常說，任何一項制度之成立與推行，決不是孤立的，它必然須和同時其他幾項制度相配合，它必然會受其他某幾項制度之牽動和影響。循此推說，任何一時期的各項制度，必然會互相配合，互相牽動影響，而形成一整套。即就土地制度和租稅制度論，此兩項制度之互相配合，及其互相牽動影響之處特別大。春秋時代的井田制，這是後代中國人理想的土地制度之範本。但即因當時貴族階級為求便利稅收制度之簡化，而終於把此井田制度破壞了。北魏時代的均田制，也必先有三長制的整理戶口冊籍作準備。唐代的租庸調制，也因於當時賬籍制度之淆亂而不可再行使。自唐代兩稅制以下，因於種種實際困難，逼得政府祇在稅收制度上著眼用心，而把整頓土地制度這一重要理想放棄了。但即就稅收制度這一項而論，自唐代制定兩稅制以下，依然要遇到種種困難。明代的《黃冊》和《魚鱗冊》，依然如唐代之賬籍般，終於年深日積之下而弊病叢生，而淆亂不清了。這又牽涉到地方政府即州縣衙門的各項組織與其行政效能而受甚深之影響。而且也不盡在地方政府之組織與其行政效能上，而又得牽連及於地方自治的種種情況之不同。因此又必然牽連到各時代的社會形態。如春秋時代有封建貴族，東漢以下至中唐時期有大門第，晚唐以下迄於宋、明，社會大門第全消失了。農戶散漫，全成一新形態。這些都為瞭解中國歷史上田賦制度種種演變所必須牽連論及的有關係的各要點。於此我們可以想像，我們今天若要再提出一項土地制度之整理，及新規劃，其勢仍會牽連及於其他一切制度之如何相互配搭，以及與社會上一般情狀之如何真實適合的這一問題上。我們此刻來講歷史上的各項制度得失，正要我們瞭解一項新制度之成立和推行，其條件是如何地複雜，其考慮是該如何地周詳的。

四、明代兵制

現在說到兵制。明代武功，較之唐代相差並不遠。明太祖平天下，原定有衛、所制度，其實也就如唐代的府兵制，不過名稱不同而已。大的兵區叫衛，小的兵區叫所。明代的衛所，便如唐代的府。明太祖曾說：「吾養兵百萬，要不費百姓一粒米。」這用什麼方法呢？那就是衛所制度了。當時每一兵區，設在一個府裏的叫所，連著兩個府的叫衛。大約以五千六百人為一衛，一千一百二十八人為一所，一百一十二人為百戶所，外統於都司，內統於五軍都督府。遇出兵打仗，由朝廷派一個將軍，叫做總兵官，所帶的便是衛所軍隊。戰事結束，總兵官把兵權交出，軍隊回歸衛所。平時衛所軍給田自養，國家不要他賦稅，這種制度還是同府兵制一樣。

我們讀歷史的，讀到明朝晚年，總覺得中國太不行。滿洲不過是松花江外一個小部落，中國怎會抵禦不住他？我們因這一番憤懣之情，便不免要多責備。其實我們該曉得，像中國這樣大的一個國家而垮了臺，當然不是簡單的一會事，我們該就歷史上切實來理會。這並不是說文化衰敗，道德墮落，政府專制黑暗，幾句空洞不著邊際的想像話，便能道出其中之因緣。專就政治講，每一制度，祇要推行到兩三百年的，總不免出毛病。明代大體上已過了兩三百年的太平日子，無論當初制度怎麼好，也會腐化，這是很自然的一件事。兩三百年的長時間，人們的精神不會始終緊張，維持原狀的。它也會放鬆一下。就拿衛所制度說，此制度不算得不好，而且明代也憑此建立了輝赫的武功。後來國勢隆盛，四境太平了，兵卒一生不見打仗，他們的精神當然會鬆懈。而且動員打仗，譬如打滿洲吧，依照制度，要全國平均分調，不是隨便單從某一地方調發的。這說來並不錯，但結果，雲南調五百，四川調一千，他們到北京的路程已相當遠，全國各地的兵卒，幾十萬人集中到中央，早已是全國騷動了。而且他們間風俗習慣語言面貌，都是陌生的。打開武庫，裏面所藏兵器衣裝，不知已是若干年前做好存貯在那裏。拿出來，鐵也銹了，縫的線也爛了。這也不能怪政府。當然不能經常隔三年兩年要做二三十萬套軍裝擺在那裏讓它一次一次霉爛的。縱是今天的美國人，也是臨到不得已，才努力製造軍用飛機的。若沒有蘇聯大敵在前，他也不會造。明代也因於承平積久而軍裝霉爛了。一旦把這些破爛軍裝拿出來，分發兵眾，臨時倉促，胖子穿著緊的，瘦子穿著肥的，大家想掉換一套稱身的，軍營裏，你找我，我找你，也不是件容易事，大多數是勉強馬虎穿上身。臨出發，軍隊照例要祭旗，這當然並不是完全為迷信。現在軍隊出發打仗，也要預先演習，試試槍砲的。從前祭旗的典禮，要殺一條牛，這譬如今日大軍開發前試砲般。據說明代那時，這條牛就殺不死。為何呢？這因武庫的刀藏得太久了，銹了鈍了，所以殺不死一條牛。祭旗殺牛用的刀還如此，幾十萬士兵手裏拿的更可想。我們今天卻不能單憑此等事罵中國文化不好，甚至說我們民族已衰老。這實在是因於承平過久，自然把戰鬬生活淡忘了。

我們再看滿洲人，他們戴的帽子，兩邊可以遮下，直從兩耳到頷下，面部衹露兩隻眼一張嘴。這因東北氣候冷，放下帽來纔可保護耳朵鼻子，不使凍脫。今天我們穿的馬褂與長袍，這也是當時滿洲的軍裝。為了騎馬方便，長袍一面開衩，騎上馬，還可把另一面的裏襟搭過來，兩條腿都蓋著了。照中國內地人服裝，騎上馬，膝蓋就露出，要受凍，僵了。兩手為要伸出拿馬韁繩，他們的馬蹄袖，正好保護伸出的手指。我們中國的軍隊，有些是雲南人，有些是廣東人，自生以來，也沒見過冰和雪。驟然應調到北京，穿上那些不稱身的舊軍裝，再調到關外，大風一刮，精神慘沮，怎能同滿洲軍隊對陣作戰呢？當時沒有注意到這些，所以一碰上就不行了。當時中國一個總兵官杜松，被滿洲兵一箭射死，就因為他帽子的鐵銹了，箭頭穿胄而入。總兵官都沒有精良的甲冑，士兵更不用說。這些事，我們粗略讀史是不會知道的。

當時徐光啟在南方，為此事屢上條陳，據他說：我們該從頭練新兵，兵隊數量不須多，每個兵都該量著尺寸做軍衣，又要適合著東北關外的氣候。當然刀槍武器也該要新的，又該配合各人的氣力。如是再可談訓練。他把計劃定好，政府也贊成，但戶部拿不出錢，就沒有能照樣辦。我們從這點看，可知一個國家的武裝，物質條件也要緊，我們不能老是拿精神來戰勝強敵啊。但明代大失敗之後，受了教訓，急速改變，那時中國還是能抵抗。不過中央政府垮了臺，外面的軍隊也就難以支持了。從前宋代曾有過這樣的爭論，究竟養一匹馬好呢？還是養二十五個農民好？好像現在說，究竟黃油好，還是大砲好？

兵的軍裝封在武庫裏，全國農民普遍安靜和平地過活，生平沒有見兵革，這樣的日子，也不該過分地咒罵。但一旦邊境鬧出亂子來，要他們倉皇跑出關外去，軍裝就是軍隊的生命，我們也不能不承認物質條件之重要。物質條件配不上，單靠精神，那能持久。我們的武力方面，經過幾百年太平，也該會衰落的。突然出來一個滿清，抵不住，也不足為怪。站在歷史立場看，應該有一歷史的說法。所謂歷史的說法，便是根據歷史，把具體事實來說明。我們不要說中國民族衰老了，它的文化不行了，那些空洞話。我們要分析那時的具體事況，換言之，我們要找出歷史材料，來說明當時究竟失敗在那裏。當然我上面之所說，祇是歷史事實中一小節。但總是比較落實的。

第五講

清代

一、制度與法術

我們講政治制度，有一些確實是制度，有一些則祇能叫做事件或法術。制度指政而言，法術祇是些事情或手段；不好說是政治。大抵制度是出之於公的，在公的用心下形成的一些度量分寸是制度。而法術則出之於私，因此沒有一定恰好的節限。所謂方法與權術，二者之間，當然又不能仔細分。而且一個制度之成立，也當然有許多複雜關係，總不免夾帶有當時一些私意的。要說建立一制度，而絕對地大公無私，不僅古代歷史未之有，就是將來的歷史，要說一個國家建立某項制度，而絕無人事關係，絕無私心夾雜，恐怕這希望也還遠。不過公私之間該有分量的輕重。

現在再說中國歷代政治制度究竟是出於公的多呢？還是出於私的多？究竟法術的意義重呢？還是制度的意義重？論漢代，西漢可說是制度，東漢則多半出於光武的私心。論唐代，確實可說在建立制度，而宋代則有許多祇算是一種法術。明代，有許多祇能說它是一些事，不能說它是一些制。尤其是清代，可說全沒有制度。它所有的制度，都是根據著明代，而在明代的制度裏，再加上他們許多的私心。這種私心，可說是一種「部族政權」的私心。一切由滿洲部族的私心出發，所以全衹有法術，更不見制度。

二、清代的部族政權

西方人講政治，一定先要講主權。他們的政治思想，很多是建立在主權觀念上。所以西方有神權、王權、民權的分法，到現在便是國家主權在民眾。中國講政治，一向不討論主權在那裏。譬如說明代的政治主權在那裏？這種思想，中國很少見。中國人講政治，一向看重在職責。祇論政府該做些什麼事？它的責任該是些什麼？它盡了職沒有？而並不講主權在那裏。主權的背後，則是一種自由意志。譬如這一隻茶杯，若說主權屬於我，便是我可自由使用此茶杯。這是權利，非道義。若不論主權而論職責，職責所在，應有盡力踐行之道義，便無所謂自由。這是雙方政治思想上一絕大的歧異。

現在我們不妨照西方人的思路來略一講述中國歷史上的政治主權究竟在那裏？我們依照歷史現實看，像中國這樣大的一個國家，它的政治主權，不可能操在一個人手裏。若有一個人把這主權操在手，因國家太大了，他難得掌握住。故掌握政權者，一定得是集體的。譬如西方吧！神權有宗教團體支持。王權有一般貴族支持。俄國的沙皇，有許多貴族家庭擁護。法國大革命以前，也有很多貴族在支持其皇權。所以皇權政治，或者把此權分掌在貴族，或者把此權分掌在軍人，我們可以說，一種是貴族政權，一種是軍人政權，而往往這兩者間又不容易區分。因貴族大半就是軍人，軍人掌權，也就成為貴族了。今天共產黨批評西方民主政治是資產階級的政權，當然英美社會上有許多工商大資本家都在擁護這政權。而共產黨自身則稱為無產階級專政。以上所說，神權皇權資產階級乃及無產階級，祇要說到政權，則全是集體來掌握的。可是我們中國歷史從漢代起，就不能叫皇權，因皇帝一個人不可能掌握一個國家的大權。也不能說它是貴族政權，因自漢代起，已沒有顯然的貴族。說是軍人政權嗎？我們也看不出漢政府以下，是由軍人掌握的。說是資產階級的政權嗎？中國一向沒有資產階級。所以若說政權，則中國應該是一種士人政權，政府大權都掌握在士，讀書人手裏，從漢到明都如此。而在考試制度下，讀書人跑入政府，也有種種規定。在制度規定上，是絕沒有世襲特權的。因此中國社會上的讀書人，士，祇是一種流品，而不成為階級。現在再問中國政治何以特地會發展出這一種制度來，把政權交付給一輩讀書人，士，而存心防止貴族軍人與富人窮人的一切專政呢？這便該進一步說到中國的政治理想之重職責而不重主權之一點上。此屬政治思想的範圍，但制度與思想實為一體之兩面，故附帶在此述及了。

現在再說中國歷史上的政治傳統，雖說是一種士人政權，也不能無變態。在中國整部歷史中，除士人政權外，常有一種特殊的政權，我此刻則稱之為部族政權。所謂部族政權者，便是把政權掌握在某一個部族的手裏，這便是中國歷史上的異族政權了。譬如蒙古人、滿洲人跑進中國，也不是元清兩代每一個皇帝個人能掌握整個政權的。在此兩代，其政權之後面，有蒙古滿洲全體部族在擁護此政權。於是蒙古人滿洲人便是此一政權中之特殊階級或特殊分子了。此種政權，我們則稱之為部族政權。不論蒙古也好，滿洲也好，他們都想拿一個部族來控制政府，掌握政權。這種政權，當然是私心的，所以這一種政權下之一切措施，便不好算是政治制度，而祇好算是一種法術，一種控制此政權之手段。

若說從來中國的讀書人便全懷私心，要由他們來控制整個國家，這些話便無根據。因為讀書人在社會上並不是一個顯然的集團，像滿洲人、蒙古人般。毋寧可說是在政治制度下來獎勵讀書人，扶植讀書人，而非社會上有一種特定的讀書人來攘竊政權而存心把持它。祇從東漢末年起，讀書人形成門第，此後魏晉南北朝，我們也可說這時期是一種門第政權，當時的政權差不多全操在大門第手裏。但在當時，實也沒有特許門第來控制政權的制度。在當時制度上，則仍祇是要把政權託付給讀書人。但在社會情勢上，則讀書人全出於門第，因此門第在政治上便占了權。此乃一種社會趨勢，政治積習，而當時制度確也沒有特地用心用力來矯正它，如此而已。一到唐代，公開考試，把政權再開放，於是門第推翻，仍回復到士人政權的舊傳統。

今天我們則要講全民政權，國家主權應在全體民眾，這也可說是我們的理想。但若要真待全體民眾集合起來掌握政權，這事還是不可能。這裏面仍不免或以資產階級為中心，或以知識分子為中心，或再有別的新方法，來代表著全民。如共產黨主張由無產階級專政，即其中之一例。若真要由全體民眾來掌握政權，這僅是一理論。今天西方民主國家的政權，說他們是代表全民的，則中國歷史上的讀書人，也何嘗不可說是代表著全民？讀聖賢書，講修齊治平之道，由國家加以考試，量才錄用，此輩讀書人的意見，就可以代表全民，這是中國的理論。此刻西方則必待大家選舉，中國人則用一種公開的考試制度，這是方法的不同。雙方的理想，何嘗不同在想法挑選出可以代表全體民眾的人來組織政府掌握政權呢？若照此說法，則中國歷史上的政權，早就開放了，所以中國人一向便不討論政府主權該何屬。西方政府的開放政權來得遲，因此他們老是在爭執政權該不在你們而該在我們，該不在皇室而該在民眾，這是近代西方政治思想上偏重主權論之所由來。中國歷史裏的傳統政權，據我上面歷次所講，早已不在皇帝了。皇帝個人，並不能掌握政權，僅至明代廢了宰相以後，皇帝在政府的權是特別的重了。但也並不是在當時政治制度裏，把整個主權交付給皇帝，皇帝也並不能說國家屬於我。中國皇帝向來沒有講過「朕即國家」這句話，即是明清兩代的皇帝也都不敢講。單祇是皇帝代替了宰相，那仍是制度上的改變，不是理論上的翻新。

祇有部族政權，纔始是把另一批人來代替讀書人，那便是元代的蒙古人與清代的滿洲人，他們纔始是當時政權的實際掌握人。但在表面上，則單說清代一代，仍然像是士人政權，仍然說政權該交付與讀書人。這是中國傳統的政治理論，滿洲人也瞭解，並不曾正式反對這理論。他們祇在此理論之下，另用一種法術，把滿洲部族來凌駕中國讀書人。若說他們是專制，則該是部族專制，而仍非皇帝專制。我們明白得這一點，才可來講清代的制度。

三、清代部族政權下的政府

甲、清代中央政府

上面說到清代政治，和中國傳統政治不同，因它背後有一批特別擁護皇帝的，這便是皇帝的同部族，就是滿洲人。照理皇帝是一國元首，他該獲到全國民眾之擁護，不該在全國民眾裏另有一批專門擁護此政權的。這樣的政權，便是私政權，基礎便不穩固。清代政權，始終要袒護滿洲人，須滿洲人在後擁護，才能控制牢固，這便是這一政權之私心。在這種私心下，他就需要一種法術。所以我們說，清代政治，制度的意義少，而法術的意義多。明代廢了宰相，清代便把此制度沿襲下來，還是用內閣大學士掌理國政，這對於滿洲人是一種方便。因為廢了宰相是利於皇帝專制的。而皇帝則顯然是滿洲人。

子、清代的軍機處

到雍正時，又在內閣之外另添一軍機處。清宮裏的文華殿、武英殿，這是內閣學士辦事的地方。雍正又在三大殿背後，另設一個軍機處，這就是所謂的南書房，這祇是一所很小的屋子。最初皇帝為要保持軍事機密，有許多事不經內閣，徑由南書房軍機處發出。後來變成習慣，政府實際重要政令，都在軍機處，不再在內閣。顧名思義，內閣還像是文治，而軍機處則明明是一種軍事統制的名稱。既然最高法令均屬於軍機，當然祇能說它是軍事統制了。不過軍機處的軍機大臣，也是由內閣大臣裏挑選出來的，在內閣大臣裏挑幾個出來到南書房協同皇帝辦事，如是，皇帝可以不再到文華殿、武英殿商量政事，而祇在軍機處密議。所以實際上清代的軍機處，也就等於如明朝般，皇帝不出宮來辦事，祇在裏面找幾個私人商量。不過清代皇帝比較地聰明，他們鑑於明代太監當權而招亡國之禍的覆轍，所以不在裏面找太監，而向外面調大臣。但從制度講，二者間還是一樣。太監也罷，軍機大臣也罷，反正都祇算是皇帝的私人祕書，算不得朝廷的大臣。

我們上次講，張居正第一不應有權徑下政府最高的命令；第二不應要人報皇帝的公事也報他一份。好像向行政院長呈報的公事，行政院祕書處不能說也要人家報一份。或者向總統呈報的公事，文官處也不該要人家單獨報一份。一個首長和其祕書，祇算是同一個機關。張居正要人家把公事一份送皇帝，一份送內閣，這便是不合理。倘使張居正正名定義是宰相，那些公文又祇要送宰相，不須再送給皇帝。所以從制度論，張居正的辦法終是講不通。清代軍機處向六部尚書大臣及各省督撫直接下命令，這些發出的命令還是皇帝的。因為政府最高出命權屬於皇帝，軍機處不過是皇帝御用的祕書，實實在在祇是皇帝的一個「南書房」。

清代政府發布最高命令的手續，又是非常不合理。他的最高命令稱上諭，上諭又分為兩種：一種是明發上諭，一種是寄信上諭。明發上諭都是比較不關緊要的事，譬如皇帝出外巡幸，上陵，經筵，救荒，以及中央政府尚書，侍郎，地方政府總兵知府以上的升降，以及曉諭中外諸事，都由內閣擬好，皇帝看過，再由內閣交到六部，這是中國向來的慣例。寄信上諭是清代特有的，不按上述程序，而直接由皇帝軍機處寄給受命令的人。譬如給江蘇巡撫的上諭，直接寄給巡撫，旁人誰也不知道。或者要交給吏部尚書的，也是直接寄信給吏部尚書，此外無人得知的。開始時，或因軍事機密，才用這辦法，後來凡是緊要的事，差不多都用寄信上諭發出了。這種上諭，由軍機處擬給皇帝看，皇帝看過以後，封來蓋起一個印，這個印叫「辦理軍機處」，這是說辦理軍機的地方。什麼人在那裏辦理呢？這當然是皇帝了。這個印一蓋，誰也不能看。譬如是有關經濟財政問題的，送給江蘇巡撫，連戶部大臣也不能看。若是有關軍事的，送給兩廣總督，兵部尚書也不能看。在辦理軍機處的人，就叫軍機大臣，名義上是大臣，照制度法理講，並不是大臣，因為他是皇帝御用的，而不是政府的正式最高行政首長啊。這種上諭封好，辦理軍機處的印蓋了，就交給兵部尚書，兵部尚書並不能拆看，祇要他加一個封袋，直接發給受命令的人。如是則一切事情，全國中外各長官，都直接向皇帝發生關係，其他旁人全都不知道。這不是全國政治，都變成祕密不再公開了？祕密政治這當然祇能說是一種法術，而不能說是一種制度呀！

直到現在，還有傳刻的雍正硃批上諭，這在清代政治上是一種了不得的聖旨。雍正是有名能專制的。他的上一代是康熙。在中國歷史上，康熙也算是一個好皇帝，至於雍正便太專制了。我們現在看他的硃批上諭，就可以看出清代皇帝是如何般統制中國的。在當時，全國各地地方長官一切活動他都知道，大概全國各地，都有他私派的特務人員的。因此許多人的私生活，連家人父子親戚的瑣碎事，都瞞不過他。一切奏章，他都詳細批。他雖精明，同時是獨裁，但他有他的精力，他有他的聰明，中外事，無論大小，旁人還不知道，他已經知道了。從前做皇帝，外面送給皇帝的公事，先送到六部，皇帝拿出來的公事，六部也一定得先看。因為政治該公開，而六部尚書是全國的行政首長呀。這在明代還是如此的。那時大官的任用還有廷推，小官的任用則祇經過吏部。事關教育，則一定要經禮部的。不能說皇帝私下決定了，不再給政府行政長官預聞就可辦。這決不能說是一種制度，也不能說它是習慣法，祇該說它是法術。為什麼？因為這是純粹出之於私心的。而私心則決不能形成出制度。

由這一點看來，清代比明代更獨裁。明代還是在制度之下由皇帝來當宰相。宰相廢了，而宰相的職權則由皇帝兼。祇是宰相做錯了，須負責。皇帝做錯了，可以不負責。除此一分別以外，明代制度還是和過去大體相似的。清代就更超越了這限度。我們曾講過，唐宋諸代的詔勅，宰相一定要蓋章，沒有宰相的章，就不成為詔書。為什麼皇帝下詔書一定要宰相蓋章呢？這就是一種制度了。為什麼皇帝的詔書不能給旁人看，而要直接送出呢？這就是一種法術了。這裏的分別很簡單，換句話說：一個是公的，有理由的，一個是私的，沒有理由的。清代那種私心的政治，又怎樣能做得下去呢？這就因為皇帝背後有全部滿洲人撐腰。一個皇帝要獨裁，他背後定要有一部分人強力支持他，他才能真獨裁。今天共產黨的極權政治也如此。任何一個獨裁者，都有擁護他獨裁的一個特定的集團。我們此刻說皇帝獨裁，我們也要看是那個力量在幫助他獨裁，擁護他獨裁。中國歷史從秦以後，歷代皇帝的背後就沒有這樣一個固定的力量。貴族吧，軍人吧，資產階級吧，都沒有。若說皇帝利用讀書人，讀書人在擁護皇帝，可是讀書人擁護皇帝比較是公的。因為讀書人不是皇帝的私勢力。而且讀書人也不是一個固定的集團。中國歷史上祇有元和清，皇帝後面由整批蒙古人和滿洲人幫忙。其他各代，大體說，是全國的讀書人——由全國民眾中間受過教育經過考試的人來幫政府忙，這不能說是不公道。此刻中國共產黨認為這便是「封建社會」了，這真是胡說。讀書人不就是封建。反過來說，皇帝或政府，存心培植讀書人，也並不是私心。並不如元清兩代，存心扶護蒙古人和滿洲人。這種政治當然是私心的。因為其是私心的，所以一切表現都不成為制度，而祇是法術。

丑、清代的六部尚書

清代的六部尚書，也沿襲明制。可是明代六部尚書的權相當大，尤其是吏、兵兩部。全國用人調兵，都歸這兩部管。皇帝上諭下頒，要經六部，全國事情上去，也要經六部，兵部尚書還有權下命令給督撫。清代的六部，權就小得多。六部尚書已經不能對下直接發命令，六部尚書已經不成其為行政之首長。更不同的是六部尚書、侍郎對皇帝皆得單獨上奏這一點。照理講，兵部尚書對於全國一切軍事，他該負責計劃，軍隊他可以下令調動，侍郎祇是他副手，事權該由首長負責。現在兵部尚書也祇能對皇帝上一個條陳而止，而且尚書可以單獨上奏，侍郎也可以單獨上奏，這樣一來，尚書就管不著侍郎。從前的六部，每部一尚書，一侍郎，本來是正副長官。清代則要滿、漢分開，有一個中國尚書，一定還要有一個滿洲尚書。有兩個中國侍郎，一定還要有兩個滿洲侍郎。於是一部就有了六個長官，六部長官就有三十六個。每個人都可以單獨向皇帝講話，一部之中，中國尚書不曉得滿洲尚書講些什麼話，還有四個副的，也是誰也不知道誰在扯了誰的腿。皇帝寄信上諭頒給某一人，裏面講些什麼事，又是誰也不知道。請問尚書六部，還能做些什麼事呢？六部不能做事，全國事情當然就更集中到皇帝。

在明代，每部還有一批給事中，雖是小官，皇帝下來的公事，他們還可表示反對的意見。他們這些反對，表面上縱使不是在反對皇帝的上諭而是在反對六部長官。可是上諭一定要到六部，猶如唐代發命令的是宰相，給事中照法理言，也祇在反對宰相，不在反對皇帝呀！明代的命令既由皇帝發，可是皇帝上諭，送尚書六部，六部就各有給事中，他們要反對，實際上也就等於在反對皇帝了。直到明代快亡國，內部流寇張獻忠、李自成猖獗作亂，外面滿洲人要打進關來，皇帝主張先平流寇再打滿洲人，此即所謂先安內，後攘外。這本也不錯。商之兵部，兵部尚書也無異議。但被給事中們知道了，他們群起反對，皇帝無奈何，把兵部尚書撤了。有人說，明代亡國就亡在這些處。政策總難貫澈，發言盈庭，如何叫國家渡過這危險？

近代西方民主政治，許多事也很少沒人反對的。大總統或內閣總理，幸有政黨大部分人在背後擁護，然而有許多事也還行不下。中國以前沒有政黨，政事一切公開，大家可以發言。臨到國家危急之際，外交問題，軍事問題，有時絕對需祕密，甚至有時也需要獨裁。近代也有人感覺到英美民主政治，有些時實在是緩不濟急，危急臨頭，不免要喫虧。但就常數平均，祕密政治，獨裁政治，總是利不敵害。民主政治，公開政治，總是害不勝利。中國傳統政治，若說憑技術，也已有兩千年的經驗，但有它可寶貴的地方。最可寶貴處，就是在公開。一切事情都是公開的。因有一制度存在，一切憑制度處置。要不公開也不可能。清代皇帝下來的上諭不必經六部，六部不能徑下命令到全國，尚書、侍郎都可單獨上奏，又沒有給事中封駁權，給事中的官名是有的，但已經臺諫合一，失其本職了。就政治常理言，一個機關代表一整體。譬如兵部，應該由兵部尚書代表負責，兵部侍郎是副主官，一正一副，副主官當然祇是輔佐正主官，不能說兵部尚書這樣講，兵部侍郎又那樣講，變成祇有個人而沒有了機關。譬如財政部長代表著財政部，財政部次長對於財政上的意見當然要向部長貢獻，不該直接向行政院長申述。這道理很簡單。所以說清代那些措施，祇是法術，不能說它是制度。

清代六部尚書、侍郎都可單獨向皇帝講話，上面已說過。然而除此以外，不論什麼人，又都不許向皇帝講話。翰林院是一個很負清望的機關，翰林院有編修、檢討等員，照理是清望之官，雖無政治實權，而地位則很高，向來他們是可以向政府講話的。到了清代，也不准「專摺言事」。地方官呢？祇有總督、巡撫、藩臺（布政使）、臬臺（按察使）可以直接向政府講話，道及以下的府、縣，都不能專摺言事了。比起明代來，布衣也可直接向皇帝講話，這相差就太遠了。

清代這些規定，若說是制度，這些制度祇是要人家不過問政治。試問除了私心外，還有什麼是這項制度的含義呢？而且清制又不許民間有公開發言權。當時府學縣學都有明倫堂，清廷在每個明倫堂裏都置有一塊石碑，這塊碑不是豎栽而是橫躺的，故叫做臥碑。臥碑上鐫有幾條禁令：

第一，生員不得言事；

第二，不得立盟結社；

第三，不得刊刻文字。

這三條禁令，恰好是近代西方人所要爭取的言論自由，結社自由，和出版自由，所謂的三大自由了。東西雙方的現代史，在這上，有一個恰正相反的對比。講起來，真值得我們內心的慚愧。臥碑立於順治五年。有名的金聖嘆，就為犯了臥碑禁令而殺頭了。因為當時考試官貪污，一些生員跑到明倫堂向孔子靈位哭叫，就犯了言事結社的禁令。我們從這些地方看，就可看出清制之存心。明代是特別獎勵大家發言，公開發言的。也不僅明制如是，歷代都如是。祇有清代才不許人講話。這成什麼制度呢？這祇是滿洲部族政權便利他們統制中國的一些無理的法術。

中國歷史上官吏任用，向來都歸吏部管。五品以下，吏部有權可以用。五品以上，吏部開名字給宰相，由上面來決定。明朝廢了宰相，大臣改為廷推，由九卿、七卿公議決定。但吏部尚書的意見，是受大家尊重的。小官任用，則權仍在吏部。清代大官，由皇帝特簡，吏部不知道，也不用什麼廷推了。下面小官，不能一概由皇帝簡任，還歸吏部銓敘，這還算是中國歷史上直傳下來的一種法規，清代皇帝也沒有廢得了。但由吏部銓敘分發的人，清代必須有引見，必待皇帝見了面以後，才得正式去上任。這無非表示全國用人之權，都在皇帝手裏。照清代，任何樣的小官，皇帝都引見。這不是皇帝看重這些官，卻是清朝皇帝拿這項制度來教訓中國人，告訴社會上：這是皇帝的權。你不見到皇帝面，芝蔴大的官，你也休想做。這當然也衹能說它是法術，而不是制度。因為這些制度都是私心的。私心的制度，即便是法術。法術是專講手段，不論意義的。若說法術有意義，則衹是些私意義。

乙、清代地方政府

在明代，布政使是最高地方首長。總督、巡撫非常設，有事派出，事完撤銷。清代在布政使上面又常設有總督與巡撫，布政使成為其下屬，總督、巡撫就變成正式的地方行政首長了。這種制度，還是一種軍事統制。如是則地方行政從縣到府，而道，而省，已經四級。從知縣到知府，到道員，到布政使，上面還有總督、巡撫，就變成為五級。可是真到軍事時期，總督、巡撫仍不能作主，還要由中央另派人，如經略大臣、參贊大臣之類，這是皇帝特簡的官。總督、巡撫仍不過承轉命令。總之，清代不許地方官有真正的權柄。

滿洲軍隊稱八旗兵，為國家武力主幹，全國各軍事要地，都派八旗兵駐防。下面的綠營，說是中國軍隊，實際上率領綠營的將領還都是滿洲人。這兩種軍隊，餉給是顯分高下的。各省總督、巡撫，差不多在原則上也衹用滿洲人。中國人做到總督、巡撫封疆大吏的，雖也有，卻不多。至於中國人帶滿洲兵做大將軍的，二百多年間，祇有一個岳鍾麒。到了太平天國之役，滿洲人自己實在沒辦法，曾、左、胡、李，替滿洲人再造中興，從此封疆大吏，才始大部分轉到中國人手裏。然而甲午戰爭失敗前後，封疆大吏，又都起用滿洲人，中國人又轉居少數了。這可以說明清代政治，完全是一種軍事統制，而這種軍事統制，又完全是一種部族統制，因為兵權是該完全歸於這個部族的。

丙、清代的各禁區

在這種私制度之下，最壞的還是他們自己心虛，要替自己留一個退步。這個退步，就留在關東三省。清政府把關東三省劃成禁地，不許中國人出關。我們已講過：滿洲人是吉林長白山外松花江畔很小的一個小部族，滿洲並不就是東三省。遼河東西兩岸，秦以前就是中國的土地。戰國時代屬於燕。秦始皇築萬里長城，東邊直到大同江。無論如何，清代奉天一省，兩千年前，早就是中國的。兩千年來，也一向是中國的。清代把它劃出去，做他們的禁地，不許中國人出關。直到光緒末年，河北、山東人纔可以出關開墾。

當時的臺灣，也劃為禁地。因為臺灣由鄭成功經營以後，還不斷有人造反，因此不許福建人私渡。這是為了管理不易，和關東三省的留做退步者不同。

以上兩個禁地外，第三個禁地是今天的察哈爾和綏遠。這也是中國地方，清朝又把它劃成為禁地，不許添住一戶家，也不許多墾一畝地。因為這些地方接近蒙古，他們的目的，要把蒙古人和漢人隔開，不使相接觸。這也到了光緒末年才開禁。

第四個禁地是新疆。因此地土壤肥沃，尚未開闢，他們要留作滿洲人的衣食之地，希望滿洲人能到那裏去，故不許中國人前往。直到左宗棠平定回亂以後，禁令始弛，漢人纔能隨便去新疆。

因於滿洲人這些私心的法術，在中國境內無端劃出許多處禁地，形成許多特殊區域。所以這些地方，有的是荒落了，有的則開發得特別遲。而中國人也認為所謂中國者，則祇是當時的本部十八省。其實就傳統歷史範圍言，則全不是這會事。

四、部族政權下之考試制度

再說到清代的考試制度。若說考試制度是一種愚民政策，清代是當之無愧的。晚清末年，鄒容在《革命軍》書裏說：

滿洲人在中國，不過十八行省中最小一部分，而其官於朝者，則以最小部分敵十八行省而有餘。今試以京官滿漢缺額觀之。自大學士侍郎尚書滿漢二缺平列外，如內閣，則滿學士六，漢學士四，滿蒙侍讀學士六，漢軍漢侍讀學士二。滿侍讀十二，漢侍讀二，滿蒙中書九十四，漢中書三十。又如六部衙門，則滿郎中員外主事缺額約四百名，吏部三十餘，戶部百餘，禮部三十餘，兵部四十，刑部七十餘，工部八十餘。其餘各部堂主事皆滿人，無一漢人。而漢郎中員外主事缺額不過一百六十二名。每季縉紳錄中，於職官總目下，祇標出漢郎中員外主事若干人，而渾滿缺於不言，殆有不能明示天下之隱衷。是六部滿缺司員，視漢缺司員而三倍，筆貼式尚不在此數。而各省府道實缺，又多由六部司員外放。何怪滿人之為道府者布滿國中。若理藩院衙門，則自尚書侍郎迄主事司庫，皆滿人任之，無一漢人錯其間。其餘掌院學士、宗人府、都察院、通政司、大理寺、太常寺、太僕寺、光祿寺、鴻臚寺、國子監、鑾儀衛門諸缺額，未暇細數。要之滿缺多於漢缺，無一得附平等之義者。

鄒容這一番話，真描出了清代部族政權之實相。中國考試制度之用意，本在開放政權，選拔真才，來分配於政府各部門。現在清代的部族政權，既絕無意於把政權開放，則考試祇成為羈縻牢籠之一術。換言之，祇讓漢人們也嘗到一些甜頭，開放政權之一角落，作為一種妥協之條件而止。鄒容也說：

> 至於科舉清要之選，雖漢人居十之七八，然主事則多額外，翰林則益清貧，補缺難於登天，開坊類於超海。不過設法虛縻之，戢其異心。又多設各省主考學政及州縣教育等職，俾以無用之人，治無用之事而已。即幸而億萬人中，有竟登至大學尚書侍郎之位者，又皆頭白齒落，垂老氣盡，分餘瀝於滿人之手。然定例，漢人必由翰林出身，始堪一拜，而滿人則無論出身如何，均能資兼文武，位裁將相，其中蓋有深意存焉。

鄒容這一說法，已說盡了考試制度在部族政權下所能占之地位。試問漢、唐、宋、明歷代的選舉與考試，是否也在劉姓政權李姓政權等之餘瀝下，許這輩選舉與考試的合格人酌量分嘗其一杯羹的呢？縱使漢、唐、宋、明諸朝，也各有宗室外戚宦官等擅權用事的糊塗賬，然此祇是一時的人事腐敗，卻非制度本身上有此一分別。可見每一制度，不當專就此制度之本身論，而該就此制度與政府其餘各項制度之相互關係中來看此制度所能發生之功效與其實際的影響。因此元、清兩代部族政權下之考試制度，絕不該與中國傳統政治下之考試制度同類相視，這已不須再分說。在鄒容以前，如道咸時代龔自珍諸人，也已早看到滿族政權之居心。祇因那時尚不許漢人們公開抨擊，因此如龔自珍輩，祇有連帶指摘中國歷史上歷代的考試制度，說它僅祇是帝皇私心，在羈縻玩弄。這在我們知人論世，究該是分別論之的。

五、清代的統制政策

再說滿洲人跑進中國，他是先打下了蒙古，才到中國的。因此他對蒙古和西藏，卻特別懷柔。尤其對蒙古人，更是刻意拉攏。至於朝鮮，則因他們一向很忠誠於明室，所以滿洲人對朝鮮人很歧視。蒙古人多封貝子、貝勒、親王之類，成為滿洲之親族。當時是滿洲人第一，蒙古人第二，再下始輪到中國人。滿清皇帝又特別信奉喇嘛教，像北平雍和宮，便是喇嘛廟。這是他們想借宗教來羈縻蒙古與西藏。宗教在滿洲人運用下，也成為一種法術了。所以他們儘管可以同時信崇孔子又禮拜喇嘛。這都不是信仰，也都是法術。他們要統治中國，惟恐自己力量不夠，再拉上蒙古，蒙古原先也曾打進中國的。所以滿洲人優待他們像親兄弟般。同時又禁止他們和中國人通商。他統制這些地方，特設一個理藩院，略如現在的外交部。理藩院是不用漢人的，理藩院管理院務的是滿洲人，下面有蒙古人，滿蒙混合，卻不許中國人預聞。他這種存心，現在講來，十足是一個帝國主義者。

「帝國主義」這名詞原起於西方，中國則向來沒有。由秦漢到明代，中國向不成為一帝國。帝國必然有他的征服地，征服地不蒙本國政府平等的統治。譬如英國在香港，以前在印度，都是派總督，法國在安南也是派總督，對這些征服地另外管理。這才叫帝國主義。美國人不願菲律賓加入聯邦，但亦不願派總督去統治，因派總督就變成為帝國了。香港、印度的總督，名義上由英王派，不由內閣派。他本國的政治是民主的，但其殖民地則是附屬於帝國，不許有民主。若美國在菲律賓亦派總督去管理，是不是美國大總統就要等於英國的皇帝呢？這違背美國立國的精神。美國人不肯這樣做，又不願菲律賓加入聯邦，才讓他獨立。這就因一個國家有一個國家的規模，有一個國家的體制，有其立國精神與傳統歷史，不能隨便改。美國人儘管看重東方的商業，但他祇可想旁的方法，不能派一總督來管理菲律賓，而把他們開國以來全部歷史精神推翻了。所以今天蘇維埃說美國帝國主義，其實是名實不相符。但若說英國對香港是一種帝國主義，這是百辨難逃的。因他把全國家分成了兩部分，一部是本國，一部是征服地。這才始得叫帝國。

清代有所謂本部十八省，外邊又有藩屬，故說他像西方的帝國，但細辨又不同。因清人待蒙古，比待中國本部的人還要好，蒙古人得封親王，中國人是沒有的。英國人斷不能待香港人比待他本國的人好，可見就算清代也是帝國，還是東西巧妙不同的。我們現在的毛病，就在喜歡隨便使用別人家的現成名詞，而這些名詞的確實解釋，我們又多不了解。西方人稱中國為大清帝國，又稱康熙為大帝，西方有帝國，有所謂大帝，中國則從來就沒有這樣的制度，和這樣的思想。而我們卻喜歡稱大漢帝國乃及秦始皇大帝了。在正名觀念下，這些都該謹慎辨別的。

滿洲人到中國，他們的一切政策，是拿滿洲部族來控制中國人。又再拉攏懷柔蒙、藏來挾制漢人。這都在上面講過了。現在再講他們對待漢人的辦法。他們到中國來，中國人當然要反抗，反抗的領導者，當然是智識分子。於是他們開科取士，承襲了中國考試制度，表示開放政權，中國讀書人依然得官做，許你們參加政治，並許做政府裏最高的官。但實際上則另有一套辦法防制你。如每一衙門滿漢夾用，外省督、撫，則多用滿人，少用漢人等。這樣還不夠，滿洲人最高明的政策，是存心壓迫中國知識分子，而討好下層民眾，來分解中國社會之抵抗力。他們一面在懷柔藩屬，壓迫中國。一面在羈縻中國智識分子來減輕抵抗。又一面是壓迫知識分子而討好下層民眾。這樣三方面用心，可謂是很週到的。康熙、雍正，也都是很能幹的皇帝，經他們統治，中國無言論自由，也沒有結社出版自由，而還不斷有十分可怕的文字獄。種種壓迫，而智識分子無法違抗，同時正因為他們還懂得討好民眾。

清代有所謂地丁攤糧的辦法，祇收田租，不再要丁口稅。這是他們自己誇許所謂仁政的。在康熙五十年，當時全國人口統計，共二千四百六十二萬口，從這年起，清廷下詔永不加丁賦——

即人口稅，而人口則還是調查，五年一編審，但丁賦永不再加了。實際上，這一規定，並算不得是仁政。因從中國歷史講，兩稅制度，早把丁稅攤運入地租，後來還要農民服差役，或者出免役錢，這是後來的不對。王荊公制定了免役錢，過些時，人民又要當差了，所以明朝才又提出一條鞭法來，再拿差役歸入於地租。滿洲人跑進中國，一切都照明制，田賦額也照萬曆年間的則例徵收，那麼差役已經攤在田租裏，而此下還是照樣要差役。到了康熙時，再來一次地丁合一，這還是照著中國歷史的惰性在演進，朝三暮四，最多恢復了明代萬曆時舊額，其實並此而不能。這那好算得是仁政？何況地丁合一後，實際上賦稅還是在增加。所以這一辦法，很快就失其討好民眾的作用。而且就基本說，人口稅加進地稅，將來人口愈增，就形成人民對國家不負責。直到現在，中國一般人民，除非有田地房屋，否則對國家就像不要負什麼責任似的，這實在也不算是好制度。

總之清代在制度上，實在也沒有幾項值得我們今天之再稱道。

六、民眾的反抗運動　太平天國

我常說，歷史上沒有歷久不壞的制度。何況是法術，僅憑私心，臨時造作，那能長久？清代人想討好民眾，這打算并不壞。但他們又存心壓迫知識分子。他們祇需要有服服帖帖的官，不許有正正大大的人。結果造成了政治上的奴性、平庸、敷衍、腐敗、沒精神。政治腐敗了，縱想討好民眾，民眾得不到實惠。到乾隆時，滿族官僚日愈放肆，政治加速腐敗，那時中國知識分子的反抗意識已消沉，但下層民眾所受的痛苦卻積漸忍不住了。於是民變四起，屢仆屢興。最有名的就是所謂川楚教匪，滿洲朝廷費了很大氣力才把它壓平。但病根依然存在，一些也沒有減。所以此後滿清政府即使不遇到中西交通，沒有西洋勢力侵入，不久也仍得要垮臺。

嘉慶年間，一次次變亂不停，以後又激出太平天國。由今看來，大家同情太平天國，認為它是民族革命，這話自不錯，但實際也不盡然。至少他們太不懂政治，他們占了南京十多年，幾乎絲毫沒有在制度上建樹。他們比較像樣的是軍制，但始終未覺悟到水師之重要。他們對下層民眾，想推行均田制度，粗淺一些的社會主義，大抵他們是有此想法的，但說到政治就太低了。第一論國名，便是不祥之兆，那裏有正式建立一個國家而號稱天國的呢？這是他們對西方耶教一種淺陋的智識之曝露。再加上太平二字，東漢黃巾之亂，信奉的是太平道。他們的下意識，似乎受此影響，國號太平天國，早可預示他們之失敗。這樣一個國名，便太違背了歷史傳統。正因為這一集團裏，太沒有讀書人，這是滿清政權存心分開中國智識分子和下層民眾之成功。辛亥革命，國號中華民國，這因革命黨裏有了讀書人，所以不同了。而且洪、楊一出來就稱天王、東王、南王、西王、北王、翼王，那些名號，祇能在通俗演義裏有，那能成為一種正式的制度？他們自南京內鬨以後，楊秀清殺了，還是有許多人繼續稱王，而名號更荒唐了。蕭朝貴的兒子稱為幼西王，洪仁發、洪仁達又稱王長兄、王次兄。就是滿洲人初進中國，也沒有這樣表現得粗陋與幼稚。正因滿洲人初興，便能用中國知識分子，而洪、楊集團則不能。他們又到處焚毀孔廟，孔子的書被稱為妖書，他們想把民族傳統文化完全推翻，即使當時沒有曾國藩、左宗棠，洪、楊還是要失敗。諸王以下，又有天官丞相，這些官名，真太可笑了。那裏有全不讀書，把自己國家已往歷史傳統全部推翻，祇抄襲一些外洋宗教粗迹，天父天兄，一派胡言，便能成了事？我們不必縱論其他之一切，單看他們那些國名官名，就知其必然會失敗。若太平天國成功了，便是全部中國歷史失敗了。當時的洪、楊，並不是推不翻滿清，但他們同時又要推翻中國全部歷史，所以他們祇可有失敗。近代的中國人，正也在想把中國全部歷史推翻了，所以更多對太平天國抱同情。但話要說回來，太平天國是失敗了，而滿清政權，也就從此逐漸轉移到中國人手裏。中國人出任封疆大吏的也多了，軍隊變成湘軍與淮軍，便逼出滿清政府以後之變法。

七、變法與革命

現在我們將講到太平天國滅亡後的變法和革命。

當時主張革命的是孫中山，主張變法的是康有為。康有為的理論，也不能說他全不對。他說一個國家祇要能立憲，皇帝有無是無關緊要的。當時英國有皇帝，德國、日本、意大利也都有皇帝，我們不必定要革命廢皇帝，我們儘可一意推行憲法，讓滿洲人仍做皇帝也要得。但康有為祇知道皇帝無害於立憲，卻不知道滿清皇帝的後面是一個部族政權在撐腰。部族政權是絕不容有所謂立憲的。孫中山先生主張革命，一定要推翻皇帝，康有為的變法就變成了保皇，似乎又像非要皇帝不可了。康有為實在沒有看清楚，他以為祇要光緒皇帝聽他話，變法就變得成，這是他的大錯誤。這個錯誤也就是錯誤在他沒有像西洋人般懂得政治上的所謂主權的觀念。他不懂得當時的中國政治，是滿洲部族主權的政治。掌握主權的是滿洲人，那裏是像他所謂的皇帝專制呢？他誤認為中國傳統政治祇是皇帝專制，故而以為祇要皇帝聽我話，便可由皇帝專制一變而為皇帝立憲。後來康梁失敗了，梁啟超曾慨然說：兩千年中國歷史祇是沒有正式的革命。他這句話也不錯。但他不知道在中國傳統政治下，實不需要革命。而在他們當時，則真非革命不可啊。不革命，便無法推翻滿清的部族政權。梁啟超也如康有為，誤把中國秦漢以來的傳統政治看成為帝王專制，帝王專制祇是一種政治制度，所以祇要變法，改革此制度即夠。他不曉得在他當時，這一制度之後面，還有一個力量在擁護，在支持。不是皇帝一人就可以專制，皇帝背後有他們的部族——滿洲人在擁護這皇帝，才始能專制。現在光緒皇帝既跳不出滿洲人的這一圈，如何能改革這制度？若要把滿洲部族這集團打破了，就非革命不可。

說到政府背後擁有的一個力量，這便是今天共產黨所講的立場和背景。至於中國歷史上的傳統政權，無論漢、唐、宋、明卻並無私權力，私立場，私背景，它的立場背景便是全國人民，便是全社會。所以遇到政治腐敗，祇要換一批人，把制度腐敗了的略略修改，就仍可繼續下。於是中國歷史上便祇有造反，而更無革命了。任何一朝代，既沒有一種私的力量在支撐，它腐敗了，天下便亂。而實無一個阻礙我們撥亂返治的真力量。現在則有此一個力量在阻礙我們非把此力量打倒不可。這個非打倒不可的情勢，就逼成了革命。所以唐、宋興起不能稱為是革命，祇是人事變動，最多祇能稱為是變法。可是清代末年，就非革命不可了。它這兩百多年的政權，和漢、唐、宋、明不同。套西方的話頭，可以說當時一切主權在滿洲人。打倒滿洲人，就是打倒這政治上的一種特權。

我們不能說漢代的一切主權在劉家，唐代的一切主權在李家。中國傳統政治，自漢以來，很少這種特權之存在。這我在上面講述漢唐政治制度時，已詳細分析證明過。現在則政權落到一個特殊集團的手裏，這便是滿洲部族。若我們把政治主權和政治制度分開說，就形成了兩派主張，一派是康有為，他主張要變法，不要革命，他是看了制度沒有看主權。另一派是章太炎，他主張祇需革命，不需變法，他是看了主權沒有看制度。在這兩派中間，孫中山先生認為是非革命不可的，而革命之後還得要變法。變法的最要點，則是把皇位傳襲徹底廢除了，根本不要一皇帝。他參照中西古今的制度，想來創建一個新制度。當然康有為、章太炎不脫是單純的書生之見，孫中山先生是一個大政治家，他有書生的修養，對政治和社會也有深刻的觀察，他認識中國，也認識西方，所以他的革命理論也不同。

以後滿清是推翻了，不過連我們中國的全部歷史文化也同樣推翻了。這因當時人誤認為滿清的政治制度便完全是秦始皇以來的中國舊傳統。又誤認為此種制度可以一言蔽之曰帝王的專制。於是因對滿清政權之不滿意，而影響到對歷史上傳統政治也一氣不滿意。因對於歷史上的傳統政治不滿意，而影響到對全部歷史傳統文化不滿意。但若全部傳統文化被推翻，一般人對其國家已往傳統之一種共尊共信之心也沒有了。一個國家的政治，到底還脫離不了權。而政治權之穩固，一定要依賴於一種為社會大眾所共同遵守，共同信仰的精神上的權。那個權推翻了，別個權一時樹立不起來，一切政治也就不能再建設。所以孫中山先生主張革命之後先要有一個心理建設，這是看得很正確的。譬如我們講考試制度，這當然是我們中國歷史上一個傳統極悠久的制度，而且此制度之背後，有其最大的一種精神在支撐。但孫中山先生重新提出這一制度來，就不免要遇到許多困難和挫折。因為清代以後，考試制度在中國人精神上的共尊共信的心念也早已打破了。我們今天要重建考試制度，已經不是單講制度的問題，而還得要從心理上先從頭建設起。換言之，要施行此制度，即先要對此制度有信心。即如在清代兩百幾十年，那一天鄉試，那一天會試，從來也沒有變更過一天。這就因全國人對此制度，有一個共尊共信心，所以幾百年來連一天的日期也都不搖動。這不是制度本身的力量，也不是政治上其他力量所壓迫，而是社會上有一種共尊共信的心理力量在支持。當知一切政治，一切制度都如此。

現在我們則對於政治上的一切制度，好像拿一種試驗的態度來應付，而對此制度並沒有進入共尊共信之境，空憑一個理論來且試一下，這問題就大了。甚至其他國家一兩個月的新東西，或是幾個人的新理論，我們也高興拿來隨便試，隨便用。今天中國的共產黨，便是其最極端的例。試問那裏有無歷史因襲的政治，無傳統沿革的制度，而可以真個建立得起來的？我們硬說中國歷史要不得，中國社會須徹底的改造，把政治制度和革命推翻的口號混淆在一起。我們並不根據歷史事實，而空嚷要打倒。其實這問題已轉了身，已不是某種政治與制度該打倒，某種社會與經濟該改造，而是全部文化該廢棄了。可見思想理論，講這一部分的，都會牽涉到別一部分。未經多方面考慮，未經長時期證驗，是無法就下定論的。

總論

上面講了五次，我想再對中國歷代政治，說一點簡單的看法：從秦到清兩千年，我們對已往的傳統政治，至少不能很簡單的說它是專制政治了。我們平心從歷史客觀方面講，這兩千年來，在政治上，當然有很多很可寶貴的經驗，但也有很多的流弊。以前曾不斷地修改，以後自然仍非不斷的修改不可。從這兩千年的歷史中，我們可以對已往傳統政治，找出幾條大趨勢。在此我祇想專舉我們認為一些不好的趨勢，再一陳述。至於好的地方，我們且暫略不講了。

第一：中央政府有逐步集權的傾向。這從某一方面講是好的，一個國家該要有一個凝固的中央。政治進步，政權自然集中，任何國家都走這條路。開始是封建，四分五裂，慢慢地就統一集中。然而自漢迄唐，就已有過於集權之勢。到宋、明、清三朝，尤其是逐步集權，結果使地方政治一天天的衰落。直到今天，成為中國政治上極大一問題。這問題孫中山先生也提到，對於新的縣政，我們該如何建設，舊的省區制度，又該如何改進，實在值得我們再細來研究。當知中國政治上的中央集權，地方沒落，已經有它顯著的歷史趨勢，而且為期已不短。地方官一天天沒有地位，地方政治也一天天沒有起色，全部政治歸屬到中央，這不是一好現象。固然民國以來四十多年的中央始終沒有能達成圓滿穩固的統一，國家統一是我們政治上應該絕對爭取的。但如何使國家統一而不要太偏於中央集權，能多注意地方政治的改進，這是我們值得努力之第一事。

第二：可以說中國歷史上的傳統政治，已造成了社會各階層一天天地趨嚮於平等。中國傳統政治上節制資本的政策，從漢到清，都沿襲著。其他關於廢除一切特權的措施，除卻如元、清兩代的部族政權是例外，也可說是始終一貫看重的。因此封建社會很早就推翻了。東漢以下的大門第，也在晚唐時期沒落了。中國社會自宋以下，就造成了一個平鋪的社會。封建貴族公爵伯爵之類早就廢去，官吏不能世襲，政權普遍公開，考試合條件的，誰也可以入仕途。這種平鋪的社會，也有其毛病。平鋪了就不見有力量。這件事在近代中國，曾有兩個人講到過：一個是顧亭林。他是明末清初人，他想革命排滿，但他深感社會沒有力量，無可憑藉。他曾跑到山西，看見一個裴村，全村都是姓裴的，他們祖先在唐代是大門第，做過好幾任宰相，直到明末，還是幾百幾千家聚族而居。他看見這樣的村莊，他認為社會要封建才得有力量。外面敵人來了，縱使中央政府垮臺，社會還可以到處起來反抗。但他所講的封建，卻並不是要特權，祇是要分權。中央早把權分給與地方，中央垮了，地方還可有辦法。這是顧亭林的苦心。再一位是孫中山先生。他要革命，他跑到外國，祇結合一些知識分子，這是不夠力量的。他看見中國社會有許多幫會和祕密結社，他認為這是中國社會一力量，可以利用。這種幫會組織，自然不能說它是封建，也不是資本主義。當知祇要有組織，便可有力量。我們看西方，一個大工廠，幾千幾萬人，共產黨便盡量挑撥利用，鬧起事來，一罷工就可發生大影響。因為是一個組織，所以是一個力量了。中國近代社會卻找不出這些力量來。人都是平鋪的，散漫的，於是我們就祇能利用到學生罷課，上街遊行，隨便一集合，就是幾百幾千人，這也就算是力量了。西方由封建主義的社會進到資本主義的社會，不過是由大地主變成大廠家，對於群眾，還是能一把抓。在此一把抓之下，卻形成起力量來。中國傳統政治，向來就注意節制資本，封建勢力打倒了，沒有資本集中，於是社會成為一種平鋪的社會。若要講平等，中國人最平等。若要講自由，中國人也最自由。孫中山先生看此情形再透切沒有了。然而正因為太過平等自由了，就不能有力量。平等了裏面還有一個關鍵，就是該誰來管政治呢？政府終是高高在上的。社會平等，什麼人該爬上來當官掌權呢？中國傳統政治，規定祇許讀書人可以出來問政，讀書人經過考試合格就可做官。讀書人大都來自農村，他縱做了官，他的兒孫未必仍做官，於是別的家庭又起來了，窮苦發憤的人又出了頭，這辦法是好的。不過積久了，讀書人愈來愈多，做官人也愈來愈多，因為政權是開放的，社會上聰明才智之士都想去走做官這條路，工商業就被人看不起。西方社會就不同，起先根本不讓你做官，實際祇有封建貴族，也沒有所謂官。於是社會上聰明才智之人都去經營工商業，待他們自己有了力量，纔結合著爭政權。這就形成了今天的西方社會。中國很早就獎勵讀書人，所謂學而優則仕，聰明人都讀書，讀了書就想做官去，所以使中國政治表現出一種臃腫的毛病。好像一個人身上無用的脂肪太多了，變肥胖了，這不是件好事。但這現象，直到今天，還是扭轉不過來。

第三：長治久安，是人人希望的，可是在這種情形下的知識分子，至多也祇能維持上三代。

起先是一個勤耕苦讀的人出來問世，以至飛黃騰達，而他的下一代，很快就變成紈絝子弟了。於是有另一個家庭裏勤耕苦讀的人物，又再昂起頭來。我們祇看宋明兩代的宰相，多數是貧寒出身，平地拔起的。然而天下太平，皇帝可以兩三百年世襲著，做宰相的人，前十年還在窮鄉茅簷下讀書，但皇帝已是有著七八世九十世的傳統了。相形之下，皇帝的地位和尊嚴，自然一天天提高。皇室的權，總是逐步升，政府的權，總是逐步降。這也是中國傳統政治上的大毛病。雖說此後這一毛病可以沒有了，但讀歷史的仍該知道這會事，纔能對中國已往政治有一種比較合理的認識。

第四：是中國的政治制度，相沿日久，一天天的繁密化。一個制度出了毛病，再訂一個制度來防制它，於是有些卻變成了病上加病。制度愈繁密，人才愈束縛。這一趨勢，卻使中國政治有後不如前之感。由歷史事實平心客觀地看，中國政治，實在一向是偏重於法治的，即制度化的，而西方近代政治，則比較偏重在人治在事實化。何以呢？因為他們一切政制，均決定於選舉，選舉出來的多數黨，就可決定一切了。法制隨多數意見而決定，而變動，故說它重人、重事實。我們的傳統政治，往往一個制度經歷幾百年老不變，這當然祇說是法治，是制度化。法治之下，人才就受束縛了。所以明末的黃梨洲要慨然說：「有治人，無治法。」這因一向制度太繁密，故使他太不看重法，太看重人，而要提出此主張。但尚法並非即算是專制，而中國歷史上平地拔出的人愈後愈多，而自由展布之才，卻愈後愈少了。此後的我們，如果不能把這種傳統積習束縛人的繁文瑣法解放開，政治亦就很難有表現。剛才我們講，中國社會上想從政做官的人太多了，但又再加上這些法令制度的繁密，來重重束縛他，這就是中國政治沒有起色的根源。

今天我們的政治，已經走上一新路，似乎以前歷史上的往事，可以一切不問了。其實這觀念還是錯誤的。傳統政治的積弊，雖是歷史，同時也還是現實。外貌變了，實質仍未變，如何能不仔細研究呢？正為我們誤認了以往政治傳統一切該打倒，而且也真的一切被打倒了。同時我們對一切傳統和習慣，也失去了共尊共信心。幾千年的皇帝打倒了，政治變了新花樣，但無論如何，不得不先求國家之統一。要求統一，便要中央集權。但中央威信如何能建立，這就成為辛亥以來政治上一個大問題。我們若拿不出一個為全國人民共尊共信的東西來，這工作自會感覺到困難。而且建立中央，同時又須顧及地方，這不是更困難了嗎？

上面我們說過，中國社會早已是一個平等的社會，所以在這個社會裏的一切力量都平鋪散漫，很難得運用。因其是平鋪的，散漫的，因此也無組織，不凝固。然而我們面對著同一事實，卻往往講兩樣的話。一方面說我們是封建社會，一方面又說我們是一盤散沙。不知既是封建，就不會像散沙。既說是一盤散沙，就證明其非封建。但我們的將來，要是不走上西方資本主義的路，那末我們又如何來運用我們將來的新政，使社會再有一個新的共尊共信之點而向此中心再度凝結呢，這又是今天政治上極重要的一件事。

現在皇室是推倒了，皇帝是沒有了，我們祇說政治的主權在民眾，現在是民權時代了。可是就實際言，中國四億五千萬人民，那能立地真來操縱這政權呢？孫中山先生說：此四億五千萬人都是劉阿斗，這話再正確沒有，因此他主張在政治上的權和能要分開。孫先生不是讀死書的人，他這幾句話，並不由任何西方抄襲來，他真是深識遠慮，確有他所見。政府是該屬於民眾的，但不是，也不能，定要全體民眾直接來掌握此政權。理論上，國家政權當然在民眾，該以民眾大家的意見為意見。但民眾意見，終是句空話。如何來表達出此民眾的意見呢？今天中國多數民眾，尚賴政府來注意教育和領導，他們那有辦法來過問政治？然而一個國家總要有一個不可動搖的重心，即如目前的日本，他們把歷史上的傳統中心皇帝尊嚴搖動了，急切間社會也會發生搖動的，他們拿什麼東西來填補，來維繫？這在他們也將成為一問題。中國也會碰到這問題的，而且早已碰到了。

我將最後申說著一點。中國之將來，如何把社會政治上種種制度來簡化，使人才能自由發展，這是最關緊要的。但這不是推倒一切便可以成功。重要的不在推倒，在建立。我們說，我們要建立法治，現在我們的文書制度，層次之多，承轉之繁，使人一跑進這圈套，就無法得轉身。再加上民主二字，好像什麼事都待集體商量過，於是文書遞轉以外再加上開會忙。照目前情形，祇要開會和遞轉文書，已夠使每一個人在政治上不能表現出才能。我們天天說我們的法不夠，其實不夠的不在法，而在才。這也不是我們之無才，乃是我們的才，不能在我們的法裏真有所表現。一個時代，總有一個時代的人才，也總有一個時代的法制。人才無可表現，於是有大亂。若專用法制來束縛人，使人人不獲盡其才，則必將會釀亂。我們現在將如何酌采西方的新潮流，如何拿自己以前的舊經驗，來替自己打開一出路，來創新法，運新才，這當然是我們這一代人的責任。

政治確實是一件麻煩事，就近代歷史看，算祇有英國政治支撐了幾百年，此外都是幾十年一百年就垮臺了。我們不能專看別人家，樣樣向人學。人家的法規制度，同樣不能有利而無弊。但人家各自在創制，在立法，他們覺悟到有了毛病，還可改。我們則一意模倣鈔襲，就更沒有所謂覺悟了。英國的政治比較能持久，然而我們是大陸國，廣土眾民，他們是島國，國小民寡，我們又怎能全般學他呢？美國由英國分出，已不全學英國。法國政治傳統也較久，但此刻已不行。此外像德國、意大利、日本，我們竟可說他們還沒有可靠的政治經驗。若我們更大膽說一句，也可說整個西方人在政治經驗上都比較還短淺。能講這句話的祇有中國人。中國政治比西方先進步，這是歷史事實，不是民族誇大。這句話也祇有孫中山先生曾說過。今天我們要反對中國自己傳統，想要抹殺我們自己兩千年歷史，但歷史已然成為歷史了，如何能一筆抹殺呢？別人家自有別人家的歷史，我們又如何能將自己橫插進別人家的歷史傳統呢？這又牽涉到整個文化問題了。縱論及此，便見是非常複雜了。我不敢在這裏空談理論，祇能講歷史。當前英國哲人羅素曾說過：講哲學，至少有一個功用：即在減輕人一點武斷。我想講歷史，更可叫人不武斷。因事情太複雜，利弊得失，歷久始見，都擺開在歷史上。知道歷史，便可知道裏面有很多的問題。一切事不是痛痛快快一句話講得完。歷史終是客觀事實，歷史沒有不對的，不對的是在我們不注重歷史，不把歷史作參考。至少我們講人文科學方面的一切，是不該不懂歷史的。政治也是人文科學中一門，我們回頭把以前歷史經過，再看一道，總還不是要不得。

中國史學名著

錢穆　著

本書為賓四先生之講堂實錄，乃其將中國歷代史學名著，擇精語詳，加以獨到之灼見鎔鑄而成。內容包羅甚廣，有：剖析《尚書》之真偽、《春秋》之褒貶、「三傳」之異同，申論《史記》之創新體例、《漢書》之編錄原則、《後漢書》及《三國志》之剪裁考量、「三通」之內容，闡發《資治通鑑》之得失、《明儒學案》及《宋元學案》之價值。惟不單講述史學名著，舉凡為學之方、治史之道無不散見書中，更見其殷殷期勉之意。

中國歷史精神

錢穆　著

中國的歷史源遠流長，其間治亂興替，波譎雲詭，常令治史的人望洋興嘆，無從下手，讀史的人望而卻步，把握不住重點。本書作者錢穆，以其淵博的史學涵養，敏銳的剖析能力，將這個難題解開了，使人得窺中國歷史文化的堂奧。本書不但能夠使人在短期間內獲得完整的歷史概念，更能深入瞭解五千年來歷史精神之所在，從而認清現代人所背負的歷史使命及應當努力的方向。

古史地理論叢

錢穆　著

本書彙集考論古代歷史、地理長短散文共二十二篇，其主要意義有二：一則古代歷史上之異地同名來探究古代各部族遷徙之跡，從而論究其各地經濟、政治、人文進化先後之序，為治中國古代史者提出一至關重要應加注意之一節目。二為泛論中國歷史上南北兩地域經濟、政治、人文演進之古今變遷，指示出一些大綱領，同為治理中國人文地理者所當注意。要之為治歷史必通地理提示出許多顯明之事例。

秦漢史

錢穆　著

秦滅六國，一統天下；漢高祖革命，成為第一個平民皇帝；王莽利用禪讓之論，代漢而興。然而，你知道秦始皇如何統治龐大的帝國？焚書坑儒的真相又為何？漢帝國對外擴張遇到什麼樣的問題？重農抑商背後的事實是什麼？史學大師錢穆，以嚴謹的史學研究方法，就學術、政治及社會各層面，深入淺出地對秦漢史加以探討。全面性的論述，不但一解秦漢史學的疑惑，更能提高讀者的眼界，是對中國歷史有興趣的讀者，不可不讀的一部佳作。

中華文化十二講

錢穆　著

本書乃賓四先生初定居臺灣期間，在各軍事基地之演講辭，共十二篇，大體討論中國文化問題。賓四先生認為中國文化有其特殊之成就、意義與價值，縱使一時受人輕鄙，但就人類生命全體之前途而言，中國文化必有其再見光輝與發揚之一日。賓四先生一生崇敬國家民族之傳統文化，幾乎一如宗教信仰，頌讚或有過分處，批評他人或有偏激處，要之讀此一集，即可見中國文化影響之悠久偉大，實有難乎想像之處。

論語新解

錢穆　著

自西漢獨尊儒術以來，《論語》便是中國歷代學者必讀之作，諸儒為之注釋不絕，習《論語》者亦必兼讀其注。然而，學者往往囿於門戶之見而刻意立異，眾說多歧，未歸一是，致使讀者如入大海，汗漫而不知所歸。賓四先生因此為之新解。「新解」之新，乃方法、觀念、語言之新，非欲破棄舊注以為新。一則備采眾說，折衷於是，以廣開讀者之思路，見《論語》義理之無窮；二則兼顧文言頗析之平易，與白話語譯之通暢，以求擺脫俗套，收今古相濟之效。

孔子傳

錢穆　著

儒學影響中華文化至深，討論孔子生平言論行事之著作，實繁有徒，說法龐雜，本書為錢穆先生以《論語》為中心底本、綜合司馬遷後以下各家考訂所得，也是深入剖析孔子生平、言論、行事後，重為孔子所作的傳記。作者從孔子的先祖談起，及至孔子的早年、中年、晚年。詳列一生行跡，並針對古今雜說，從文化脈絡推論考辨，以務實的治學態度辨明真偽，力求貼近真實的孔子。

朱子學題綱

錢穆　著

本書為《朱子新學案》一書之首部。中國宋元明三代之理學，朱子為其重要一中心。儻論全部中國學術思想史，則孔子為上古一中心，朱子乃為近古一中心。《朱子新學案》乃就朱子學全部內容來發揮理學之意義與價值，但過屬專門，學者宜先讀《宋元學案》等書，乃可入門。此編則從全部中國學術思想之演變來闡述朱子學，範圍較廣，但易領略，故宜先讀此編，再讀《朱子新學案》全部，乃易有得。

八十憶雙親、師友雜憶（合刊）

錢穆　著

本書為《八十憶雙親》、《師友雜憶》二書之合編，皆為錢賓四先生對自己生平所作的記敘。《八十憶雙親》為先生八旬所誌，概述其成長的家族環境、父親的影響和母親的護恃。後著《師友雜憶》，繼述其生平經歷，以饗並世。不僅補前書之不足，歷數了先生的求學進程、於各地的工作經驗、做學問的契機、撰著寫就的過程以及師友間的往事等，使讀者對賓四先生有更完整、更深刻的認識；亦可藉由先生的回憶，了解其時代背景，追仰前世風範。

國史新論

錢穆　著

一國家當動盪變進之時，其已往歷史，莫不在冥冥中發生無限力量。惟中國近百年來，面臨前所未有之變局，而不幸在此期間，智識份子積極於改革社會積弊，紛紛針貶傳統中國政治、社會文化等特質，卻產生中國自古為獨裁政體、封建社會等錯誤見解。錢穆先生寢饋史籍數十寒暑，務求發明古史實情，探討中國歷史真相。並期待能就新時代之需要，為國內一切問題，提供一本源可供追溯。

世界局勢與中國文化

錢穆　著

本書乃彙集三十年之散篇論文，共三十題。就其中一題，取名為《世界局勢與中國文化》，討論當前世界局勢之演變，及中國文化在此變動局勢中應如何自處之道。所涉方面甚廣，每題各申一義，而會合觀之，則彼此相通，不啻全書成一大論題，而義去一貫。其間各篇，雖因時立論，而自今讀之，亦無過時之感。因錢穆本對世界局勢與中國文化，抱一堅定深入之信念，故因機解發，自有泉源混混，不擇地而出之致也。

中國思想通俗講話

錢穆　著

思想無法脫離群眾獨立，中國傳統思想更是蘊藏於廣大群眾的行為、往古相沿之歷史傳統及社會習俗之中。本書以「道理」、「性命」、「德行」、「氣運」四題及補文一篇，共五個部分，拈出目前社會習用的幾許觀念與名詞，由此上溯全部中國思想史，並由淺入深的闡述此諸觀念、諸名詞的內在涵義，及其相互會通之點，藉以描繪出中國傳統思想的大輪廓。凡此，均足供讀者作更深入的引申思索。

人生十論

錢穆　著

本書為錢賓四先生之講演稿合集，由「人生十論」、「人生三步驟」以及「中國人生哲學」等三編匯集而成。所論人生，雖皆從中國傳統觀念闡發，但主要不在稱述古人，而在求古今之會通和合。讀者淺求之，可得當前個人立身處世之要；深求之，則可由此進窺古籍，乃知中國傳統思想之精深，以及與現代觀念之和合。做人為學，相信本書皆可以啟其端。

歷史與文化論叢

錢穆　著

本書為錢穆先生不惑之年後，或應出版社之邀，或就個人、團體之請，以歷史及文化為主題所作的文章、講稿之集成。寫作時間橫跨三十餘年，寫作地點從香港至臺灣，寫作主題涵蓋歷史、文化、社會、政治、經濟諸多層面。其內容之緯，是錢穆對眾議題提出的觀察與剖析；其內容之經，是錢穆秉持著人文精神做出的思辨與反省。

中國歷史研究法

錢穆　著

本書根據賓四先生於民國五十年在香港講演之內容，記載修整而成。內容分通史、政治史、社會史、經濟史、學術史、歷史人物、歷史地理、文化史等八部分。此下三十年，賓四先生個人有關史學諸著作，大體意見悉本於此，故本書實可謂賓四先生史學見解之本源所在，亦可視為其對中國史學大綱要義之簡要敘述。

國家圖書館出版品預行編目資料

中國歷代政治得失／錢穆著.——初版二刷.——臺北市：三民，2024
　面；　公分.——（錢穆作品精萃）

ISBN 978-957-14-7418-2（精裝）
1. 中國政治制度 2. 中國史

573.1　　111002999

中國歷代政治得失

作　　者｜錢　穆
發 行 人｜劉振強
出 版 者｜三民書局股份有限公司
地　　址｜臺北市復興北路 386 號 (復北門市)
　　　　　臺北市重慶南路一段 61 號 (重南門市)
電　　話｜(02)25006600
網　　址｜三民網路書店 https://www.sanmin.com.tw

出版日期｜初版一刷 2023 年 1 月
　　　　　初版二刷 2024 年 1 月
書籍編號｜S570211
I S B N｜978-957-14-7418-2

三民書局